现代企业卓越管理方法丛书

ZHENGHE GUANLI
QIYE XITONGHUA GUANLI YU ZIYUAN YOUHUAPEIZHI

整合管理

企业系统化管理与资源优化配置

主编⊙舒天戈 邱卫东
本册主编⊙马玉荣

四川大学出版社

责任编辑：欧风偃
责任校对：黄蕴婷
封面设计：刘建波
责任印制：王　炜

图书在版编目(CIP)数据

整合管理：企业系统化管理与资源优化配置 / 舒天戈，邱卫东主编. —成都：四川大学出版社，2015.7
（现代企业卓越管理方法）
ISBN 978-7-5614-8751-8

Ⅰ.①整… Ⅱ.①舒… ②邱… Ⅲ.①企业管理 Ⅳ.①F270

中国版本图书馆 CIP 数据核字（2015）第 163031 号

书　名	整合管理——企业系统化管理与资源优化配置
主　编	舒天戈　邱卫东
出　版	四川大学出版社
地　址	成都市一环路南一段24号（610065）
发　行	四川大学出版社
书　号	ISBN 978-7-5614-8751-8
印　刷	三河市天润建兴印务有限公司
成品尺寸	170 mm×240 mm
印　张	15.25
字　数	257 千字
版　次	2016年1月第1版
印　次	2016年1月第1次印刷
定　价	40.00元

◆读者邮购本书，请与本社发行科联系。
　电话：(028)85408408/(028)85401670/
　(028)85408023　邮政编码：610065
◆本社图书如有印装质量问题，请
　寄回出版社调换。
◆网址：http://www.scup.cn

版权所有◆侵权必究

前言
Preface

管理是对组织化资源进行有效整合以达到既定目标的创造性活动。管理的核心在于对现实资源的有效整合。整合管理就是创造性地将多种管理方法综合运用于企业管理过程中,以达到资源优化配置的目的。作为企业,在经营与管理实践中进行整合的过程,是实现现代市场资源的充分发挥与合理配置的内在要求。

整合管理,并不是某个人或某个企业的新近发明,其思想根基与理论渊源来自于东方古老的管理思想,即整体意识、和谐文化与系统思维。如任何一种管理理论和方法都是以相应的哲学观点为基础一样,整合管理的文化底蕴,就是强调群体意识与团队精神,强调系统融合与天人合一,强调以系统的观念为指导,利用多种管理手段,实现资源的优化配置,使企业效益达到整体最佳。

美国《财经周刊》曾载文指出:"一个企业犹如一台机器,企业的每一种资源都相当于这部机器上的一个部件,只有当不同的组件协调工作时,整部机器才能发挥正常乃至最强的功能。同样,也只有企业的每一项资源都被合理开发使用时,企业才能正常而稳定地向前发展。"可以说,整合管理是一门与经济、社会发展互动的管理科学,企业经营者和管理者只有掌握了这门创新的管理科学，整合并优化配置企业的各种资源，构建新型的组织结构，才能在今天带领企业自如地应对环境的变化与挑战，使整个企业沿着正确的方向和轨道顺利到达目的地。

《整合管理——企业系统化管理与资源优化配置》一书，从战略整合、组织整合、人力资源整合、技术整合、资本整合、知识整合、信息整合、文化整合等多重层面，具体阐述了如何对企业资源进行优化配置，如何对系统管理进行创新布局。书中结合实际事例，具体说明整合管理各种具体方法的内涵、特点和实施要领，以帮助广大企业经营者和管理者准确把握，有效操作。

为企业管理服务，解决管理实际问题，创新企业管理方法，这既是我们编写本书的初衷，也是中国企业管理未来发展的客观要求。希望本书能对此有效。

编 者

2014 年 10 月

目录 CONTENTS

导论 管理新视角：整合赢得经营优化

一、对管理内核的新认识
1. 古典管理理论及其局限性 …………………………………… (2)
2. 管理的核心在于对现实资源的有效整合 …………………… (3)

二、整合管理的内涵与特征
1. 整合与整合管理的内涵 ……………………………………… (6)
2. 整合管理的一般特征 ………………………………………… (7)

三、系统论是整合管理的哲学基础
1. 东方管理思想的精髓：整体意识 …………………………… (11)
2. 中国的国粹：天人合一 ……………………………………… (11)
3. 系统工程与系统管理思想 …………………………………… (12)
4. 企业管理需要系统思考 ……………………………………… (13)

四、系统思维是整合管理的智慧源泉
1. 什么是系统和系统思维 ……………………………………… (14)

  2. 系统思维的基本特征……………………………………（15）
  3. 综合分析：系统思维的最根本方法……………………（16）
  4. 作关联性思考，牵好系统这根"发"……………………（18）
  5. 在系统思维中对要素进行优化组合……………………（19）

第一章　战略整合：动态调整企业目标

一、企业经营战略与战略整合

  1. 企业经营战略及其特性…………………………………（24）
  2. 战略整合是对企业战略管理活动的综合………………（24）

二、企业战略整合的基本方法

  1. 企业战略的系统整合……………………………………（26）
  2. 企业战略的动态整合……………………………………（27）
  3. 企业战略的优化整合……………………………………（28）

三、企业战略不同内容的整合方法

  1. 总体战略的细化整合……………………………………（30）
  2. 分步战略的衔接整合……………………………………（33）
  3. 职能战略的协调整合……………………………………（34）
  4. 具体策略的配套整合……………………………………（35）

第二章 组织整合：提高企业营运效率

一、组织与组织整合

1. 组织的含义及其基础作用 …………………………………（38）
2. 组织整合：动态地调整组织结构 …………………………（38）

二、企业组织的未来发展趋势

1. 大企业的组织结构趋于扁平化 ……………………………（39）
2. 组织边界日趋模糊化 ………………………………………（40）
3. 组织的全球化和本土化 ……………………………………（42）
4. 信息技术把众多组织连成一体 ……………………………（43）
5. 新的组织形式与新的管理人员 ……………………………（43）

三、企业发展进程中的组织整合

1. 与组织整合相关的三种理论 ………………………………（44）
2. 企业发展不同阶段的组织整合 ……………………………（48）

四、利用企业内部市场进行企业组织整合

1. 企业内部市场组织的优势 …………………………………（50）
2. 企业内部市场的运作条件 …………………………………（51）
3. 企业内部市场的运作思路与方法 …………………………（51）

第三章 人力资源整合：盘活智财，人尽其才

一、人力资源与人力资源整合

1. 人力资源的含义与重要价值……………………………(54)
2. 人力资源整合及其原理……………………………………(55)
3. 人力资源整合在成功企业的实践…………………………(56)

二、人力资源的科学配置

1. 人力资源科学配置的含义…………………………………(57)
2. 人力资源科学配置的途径…………………………………(58)
3. 加快人力资源配置的市场化………………………………(60)
4. 按照互补原则进行人力资源配置…………………………(61)
5. 注重个体素质与岗位要求相对应…………………………(63)

三、加强人力资源异动管理

1. 异动管理有利于人才流动与企业自身发展………………(64)
2. 人力资源异动管理的原则…………………………………(65)
3. 做好企业与外部的人力资源交流…………………………(66)
4. 做好企业内部的人员流动工作……………………………(68)

第四章 资本整合：适度扩张，快速增值

一、资本与资本整合

1. 资本的含义与功能 …………………………………… (72)
2. 资本整合是现代企业经营面临的新课题 …………… (73)

二、资本整合的战略选择

1. 关联多元化战略 ……………………………………… (75)
2. 横向一体化战略 ……………………………………… (75)
3. 纵向一体化战略 ……………………………………… (76)
4. 复合多元化战略 ……………………………………… (76)
5. 资产分拆型战略 ……………………………………… (77)

三、整合产品经营与资本运营

1. 产品经营与资本运营的主要区别 …………………… (78)
2. 产品经营与资本运营应有机结合 …………………… (79)

四、整合是企业购并成功的关键

1. 企业购并后的制度整合 ……………………………… (80)
2. 企业购并后的经营整合 ……………………………… (81)

第五章 技术整合：追求卓越，引导潮流

一、技术创新与技术整合

1. 技术创新的含义与创新过程 ……………………………（84）
2. 技术整合与技术整合原理 ………………………………（86）

二、用创新文化推动技术整合

1. 企业创新文化 ……………………………………………（87）
2. 创新文化是企业技术整合的动力 ………………………（89）

第六章 产品整合：迎合市场，满足消费

一、产品创新与产品整合

1. 产品创新及其类型 ………………………………………（92）
2. 产品整合及应达到的目标 ………………………………（93）

二、产品整合的策略

1. 密集型发展策略 …………………………………………（95）
2. 多样化发展策略 …………………………………………（99）
3. 以新代老的策略 …………………………………………（101）
4. 转产策略 …………………………………………………（102）

三、以产品整合，促品牌创新

1. 树立名牌经营观念 ………………………………………（103）

2. 产品的质量整合 …………………………………… （104）

　3. 产品的服务整合 …………………………………… （105）

　4. 产品的品牌整合 …………………………………… （107）

第七章　物流整合：优化配置企业资源

一、物流与物流整合

　1. 物流的含义与物流的作用 ………………………… （110）

　2. 物流整合是优化资源配置的重要手段 …………… （112）

二、物流整合的系统化、共同化和最优化

　1. 物流整合的系统化 ………………………………… （112）

　2. 物流整合的共同化 ………………………………… （114）

　3. 物流整合的最优化 ………………………………… （114）

三、在流通渠道的改革中进行物流整合

　1. 传统流通渠道 ……………………………………… （115）

　2. 流通渠道的整合 …………………………………… （115）

　3. 配送对流通渠道的影响 …………………………… （116）

四、现代物流整合中的配送

　1. 配送及其作用 ……………………………………… （117）

　2. 建设配送中心是大势所趋 ………………………… （118）

　3. 配送中心可产生的效益 …………………………… （119）

五、电子商务与物流

1. 电子商务时代物流的特点 …………………………………… (120)

2. 电子商务时代物流业的发展趋势 …………………………… (122)

六、社会物流整合——第三方物流

1. 第三方物流市场很大 ………………………………………… (122)

2. 第三方物流将形成一个产业 ………………………………… (123)

第八章 市场整合：拓展企业发展空间

一、市场与市场整合

1. 市场的含义与主要内容 ……………………………………… (126)

2. 市场整合与市场整合意识 …………………………………… (127)

二、企业市场整合的重要内容与方法

1. 对顾客需求情况进行调研 …………………………………… (128)

2. 进行市场细分，找到市场的切入点 ………………………… (129)

3. 分析市场机会，选定目标市场 ……………………………… (131)

4. 市场定位及其具体方法 ……………………………………… (132)

第九章 营销整合：抢占市场制高点

一、营销与营销整合

1. 营销的含义与本质 …………………………………………… (136)

2. 营销整合的含义及其观念要求 …………………… (136)

二、营销队伍的整合

1. 营销队伍的目标 ………………………………… (138)
2. 营销队伍的策略 ………………………………… (139)
3. 建立营销队伍的激励机制 ……………………… (140)

三、营销整合的基本策略

1. 培养顾客的品牌忠诚 …………………………… (141)
2. 用服务组合留住顾客 …………………………… (142)
3. 产品开发的整合 ………………………………… (142)

四、整合传播是营销整合的重要环节

1. 整合传播的中心在于沟通 ……………………… (144)
2. 实施整合传播 …………………………………… (146)
3. 传播媒介的多样化运用 ………………………… (149)
4. 营销手段的立体化 ……………………………… (151)

第十章 顾客整合:培养持久忠诚客源

一、顾客与顾客整合

1. 顾客的含义与价值 ……………………………… (154)
2. 顾客整合的含义与核心内容 …………………… (154)

二、从顾客满意度看顾客整合的必要

1. 顾客满意是顾客整合的目的 …………………………………（155）
2. 满足顾客价值期望的定量化 …………………………………（156）

三、根据顾客类别进行顾客整合

1. 顾客的分类 ……………………………………………………（157）
2. 对各类顾客整合以扩大客源 …………………………………（159）

四、根据顾客性别整合顾客

1. 根据男性的购买心理强化营销 ………………………………（160）
2. 针对女性的购买心理实施营销 ………………………………（162）

五、通过整合服务赢得顾客的满意与忠诚

1. 让顾客保持高的满意度 ………………………………………（165）
2. 培养更多的忠诚顾客 …………………………………………（166）

第十一章　知识整合：实现企业知识共享

一、知识、知识经济与知识整合

1. 知识与知识经济 ………………………………………………（170）
2. 知识整合及其目的 ……………………………………………（171）

二、知识整合的基础在于知识管理

1. 知识管理的含义与特点 ………………………………………（173）
2. 企业知识管理的内容 …………………………………………（174）

  3. 实施知识管理的步骤 …………………………………………（177）

三、整合知识，实现知识资本运营高效化

  1. 促进知识向资本的转化 …………………………………………（179）
  2. 知识向资本转化的条件 …………………………………………（180）
  3. 知识向资本转化的手段 …………………………………………（181）

四、知识资本运营是知识整合的主要手段

  1. 知识整合依赖于知识资本运营 …………………………………（183）
  2. 知识整合的专家：知识资本营运家 ……………………………（184）
  3. 知识整合的特别形式：知识联盟 ………………………………（185）
  4. 通过整合技术管好用活企业内外知识 …………………………（187）

第十二章　外脑整合：网罗智慧，借脑生财

一、外脑与外脑整合

  1. 外脑的含义及其价值 ……………………………………………（190）
  2. 善于整合外脑为己所用 …………………………………………（191）

二、整合外脑的基本要求

  1. 掌握谋与断的分工 ………………………………………………（191）
  2. 舍得花钱用"智囊" ………………………………………………（192）
  3. 向外脑借智：汇集众人智慧 ……………………………………（193）
  4. 借助咨询公司的力量 ……………………………………………（194）

三、礼贤下士，积极发挥智囊人员的作用

1. 尊重贤士，视为知己 ……………………………………（195）
2. 不设框框，任其自主 ……………………………………（196）
3. 兼听百家，决断自主 ……………………………………（196）

第十三章　信息整合：挖掘虚拟宝库财富

一、信息与信息整合

1. 信息的含义与分类 ………………………………………（200）
2. 信息整合及其注意要点 …………………………………（201）

二、从资源的角度整合信息

1. 信息是企业最宝贵的资源之一 …………………………（202）
2. 信息资源的分类与整合 …………………………………（203）

三、从企业管理系统的角度整合信息

1. 企业管理信息化 …………………………………………（204）
2. 企业管理信息系统化 ……………………………………（205）

四、从无限的信息中整合有用信息

1. 信息的多样化和无限性 …………………………………（207）
2. 识别有用的信息 …………………………………………（207）
3. 有用信息的一般特征 ……………………………………（208）
4. 部分信息也是商品，可以进入市场 ……………………（210）

第十四章 文化整合:塑造企业活的灵魂

一、企业文化与企业文化整合

1. 企业文化的含义 …………………………………… (214)
2. 企业文化整合及其注意要点 ……………………… (215)

二、文化制胜是企业文化整合的目标

1. 文化制胜:赢得竞争优势的最佳途径 …………… (215)
2. 文化制胜与战略制胜相辅相成 …………………… (217)

三、企业文化的有机整合

1. 选择独特的文化模式 ……………………………… (219)
2. 企业价值观的整合 ………………………………… (220)
3. 培训在整合价值观中的作用 ……………………… (221)
4. 企业重组及购并中的文化整合 …………………… (222)

导 论
管理新视角：整合赢得经营优化

管理，是一个古老的话题，自有人类社会以来，就已经有了管理。但管理这一概念，随着时代的变迁又有着不断发展、不断更新的内涵。

现代企业当然要与现代管理相吻合，但是现代管理不过是过去管理创新的结果。如果我们不理解现代管理究竟是什么，恐怕只能从表面上把握现代管理的特性，而无法在此基础上有所创新，更无法说清楚整合管理。

一、对管理内核的新认识

管理与时俱进，认识与时更新。计划、组织、指挥、协调和控制行为活动本身并不等于管理，管理的核心在于对现实资源的有效整合。

1. 古典管理理论及其局限性

自从法国人亨利·法约尔（Henri Fayol）在其名著《工业管理和一般管理》中给出管理的概念之后，它就整整影响了人类一个世纪，而且还在继续发挥影响。法约尔认为，**管理是所有的人类组织（不论是家庭、企业或政府）都有的一种活动，而这种活动由五项要素组成：计划、组织、指挥、协调和控制**。计划包括预测未来和拟定一个行动计划；组织包括建立一个活动的双重机构（人的机构和物的机构）；指挥包括维持组织中人员的活动；协调就是把所有的活动和工作结合起来，使之统一并和谐；控制则注意使所有的事情都按照已定的计划和指挥来完成。法约尔的这一看法使人相信当你在从事计划、组织、指挥、协调和控制工作时，你便是在进行管理，管理等同于计划、组织、指挥、协调和控制。

法约尔作为一个毕生从事生产企业管理的管理者和研究者，在其几十年的管理工作经历中悟出的管理定义，应该颇有实践的支撑，因此他的看法也就颇受人们的推崇与肯定。美国商学院在20世纪70年代使用频率很高的教科书是这样来定义管理的：管理就是由一个或更多的人来协调他人的活动，以便收到个人单独活动所不能收到的效果而进行的活动。这一定义虽然表面上与法约尔的表述不同，但两者的基点是一样的，**即管理是一种活动，一种协调性活动**。如果我们把计划、组织、指挥、协调和控制活动的目的放在一起考察的话，我们应该同意法约尔所说的五个要素都是协调他人的活动。但法约尔对管理的定义受到了挑战，日本著名经营管理学者占部都美认为法约尔关于管理的定义仅说出了管理由计划、指挥、组织、协调和控制五种因素构成，而并未给管理确定统一的概念。乌尔里希则认为法约尔"没有确定一定的决定什么是管理、什么是组织的准则"。著名管理学家赫尔伯特·西蒙甚至提出自己关于管理的定义以反驳法约尔的定义,"管理就是决策"这一概念颇有知名度,但并非没有缺陷。

假定把法约尔对管理的定义看作是古典的,那么从这一古典定义中可以肯定的是:①管理是一种活动;②管理这种活动由五个因素(即计划、组织、指挥、协调和控制)构成。然而尽管确认了管理是一种活动,却没有给定是何种活动,而如果简单地把管理理解为计划、组织、指挥、协调和控制这些活动的总称的话,那么管理就成了一项具体的活动而失去了它统一的实质。管理应该有着比这种定义更确切、更抽象的内涵与本质。

首先,管理作为一种活动,一定是在一个特定组织、特定时空环境下发生、发展直至结束,从时间的角度来看管理是一个动态过程,因为时空环境并不是静止的。

其次,管理这种活动的发生是有目的的,绝非无目的的发生,那么该目的是什么呢?显然这与管理者欲达成的目标有关,这一目标可以是组织的目标。

再次,达成组织目标是需要资源的,但世上资源有限,供给有价格,这就使得达成组织目标有一个成本与收益的比较,有一个产出的衡量。

另外,当成本与收益的比较存在之时,管理活动的具体形式和管理活动的方式就有一个选择,管理活动就有了一种程序性安排,这就是管理本身的选择和安排。

2. 管理的核心在于对现实资源的有效整合

根据上述讨论,我们可以给管理下一个统一的符合其实质的定义:**管理是对组织的资源进行有效整合以达成组织既定目标的动态的创造性活动**。计划、组织、指挥、协调和控制等行为活动是有效整合资源所必需的活动,故而它们可以归入管理的范畴之内,但它们仅仅是帮助资源有效整合的部分手段或方式,因而它们本身并不等于管理,管理的核心在于对现实资源的有效整合。由于管理是一种活动,它必定在一定的时空中发生,活动的始末便是一个过程,因此管理的实质及其功能是在这个过程中显现出来的。

管理既然是一种整合资源的活动,那么必然有实施此活动的人,即管理主体。因为只有人才可能有目的地去整合资源以达成组织的目的。同样，既然是一类活动，那就有活动作用的客体，这一客体根据定义应该是组织的资源。这样作为管理的客体就不局限于组织内的人，还包括组织拥有的金融资本、物化的资本、物质资源（比如原料、动力等）、信息情报及传递网络等，包括这些资源的综合性配置场所及其对象、过程。**管理主体对管理客体实施管理以达成组织既定目标与责任，这就是管理过程。**

管理过程中的诸多不确定性是阻碍有效配置资源以达成组织既定目标的障碍，作为管理主体为此就必须在管理过程中寻找一些特殊手段或行为来帮助降低这些不确定性，使实际的结果与预期的目标相一致。计划、组织、指挥、协调和控制等就是这一类的行为活动。

计划是指对未来的行动或活动以及未来资源供给与使用的筹划。计划指导着一个组织系统循序渐进地去实现组织的目标，而计划的目的就是要使组织适应变化中的环境，并使组织占据更有利的环境地位，甚至进入一个完全不同的环境。计划在组织中可以成为一种体系并有其内在的层级，如战略计划是最高层次的、总的长远计划，职能计划与部门工作计划则为中层的操作性较强的计划，而下级的工作计划则为近期的具体计划。从计划的定义、目标及其功能来看，计划无非是一种降低组织在资源配置过程中的不确定性的一种手段。事实上无论是战略计划，还是职能部门计划，对未来行为的一种筹划就是希望通过事先的安排有准备地迎接未来，或按照设定目标循序渐进地工作，从而减少未来的不确定性对组织的冲击，减少未来工作过程中本身可能产生的不确定性。

组织有两个含义：一是指将组织内各种资源按照配比及程序要求有序地进行安置；二是指一群人按照一定的规则为了实现一定的目的组成一个团体或实体。作为一种行为活动的组织自然是指前一种含义。在这种含义下的组织事实上也是一种降低不确定性的手段。试想如果不能将无序的资源按照配比及程序的要求使资源在整合之初及整合过程中达到有序化，有效配置资源就成为一句空话，而这样一种有序化行为也就是在降低预定成果或业绩获取的不确定性。

指挥是指领导与指示组织的所有人同心协力去执行组织的计划，实现组织的目标。指挥涉及四个方面的功能：一是及时根据外界环境的变化，指示组织内所有人与资源配合去适应环境，采取适当的行为；二是调动手下员工的积极性，激励他们奋发努力，给他们创造发展的机会；三是有效地协调组织内的人际关系，使组织内有一个良好的工作氛围，从而降低内耗；四是督促员工尽自己的努力按照既定目标与计划做好自己专职范围内的工作。从指挥的四个功能来看，既要降低员工在劳动过程中努力程度难以判断的不确定性，又要降低组织内与组织外经常性不一致的非确定性问题，还要督导所有员工按照责任要求进行工作以防止某个员工的工作差错导致全体的差错。**因此指挥这一行为活动也是一种降低组织运作过程中不确定性的手段。**

协调是指资源按照规则和配比安排的一种活动，也是将专业化分工条件下各自的工作行为和成果有序统一的活动。 专业化分工由于一个人只需从事既定的一类工作，使之容易提高从事这类活动的技能和加强知识的积累，从而使工作效率得到提高，然而专业化分工本身也带来风险和不确定性。这种由分工之后的合作不在一个工作主体之间进行，而是在多个工作主体中进行的状态，直接导致了不同工作主体之间的配合问题。如果配合不好则可能使总体效率下降，甚至产生负效用。为了防范这种状况的出现，就需要协调行为，没有协调就不会有合力，由分工产生的不确定性就无法消除。

控制是指根据既定目标不断跟踪和修订所采取的行为，使之朝着既定目标方向运作并实现预想成果或业绩。 由于现实行为是在各种不确定性因素下作用的，故每一行为有可能会偏离预定要求，从而可能使既定目标或业绩难以达成。为了防范这种状况的产生，控制这一类行为就非常必要，因为通过控制这种行为可以降低工作行为及其结果与既定要求和目标的不一致性。

传统的管理理论将计划、组织、指挥、协调和控制看作是管理的职能实在是局限了管理的内涵和管理职能的内涵。假定管理职能就定义为管理分类活动的总称，那么现在与未来的管理职能绝对不仅仅就只有计划、组织、指挥、协调和控制。例如，信息社会中信息的收集与处理这类活动就应该属于管理活动之中，也可称之为管理的职能。这就好像有的管理著作将领导、监督也称为管理的职能一样。所以准确地说，**计划、组织、指挥、协调和控制只是帮助进行资源的有效整合，降低不确定性和风险以达**

成目标的手段,并不是所谓的"管理职能"。

在此,我们所说的管理是一种广义管理的概念,而非指某一具体的管理活动。

二、整合管理的内涵与特征

企业管理的目的是追求整体利益的最大化,而要实现这一目的,仅仅发挥各种资源自身的作用是很不够的,还必须发挥各种资源的有机组合所形成的整体作用。因此,必须要进行整合管理。

1. 整合与整合管理的内涵

整合的概念并不是新的,系统论中早已提出,甚至在几千年前就被人们认识到了。事实上,人类的生产活动,就是整合资源,生产人类所需要的各种产品。如果在生产过程中,为生产一定量的产品所用的资源的数量和比例是合理的,那么就产生了整合正效应,要素之间就产生了协同作用。**在某种程度上,企业的使命就是转动生产力的魔方,整合各种资源,达到既满足社会需求,又获得股东财富最大化目标的双赢局面。**

近年来,整合一词在媒体中出现的频率越来越高,但彼此的解释与理解却不尽相同。尽管表达方式各异,但归纳起来,不外乎有以下几层含义:①合作及其过程;②重组中的最后一个环节;③与再造含义相近但又比再造更重视现有资源和组织结构的利用;④几种方法交替或综合使用。

在此,我们将本书中整合一词的概念作如下界定,以便于读者理解书中其他内容。

所谓整合,是指将两个或两个以上的要素通过相同点或相异点的有效组合、重组直至融合、共生,使现存的共有资源达到良性组合的最优化状态,即通过动态地综合使其系统更加完整与和谐。因此,**整合的过程和结果是现代市场资源的充分发挥与合理配置。**

根据我们对管理内核的新认识和对整合概念的上述界定,整合管理的概念便顺理成章地显现了。

所谓整合管理,即是创造性地将管理方法中两个以上的方法综合运用于企业的相关系统，在动态地调整与完善中使企业系统中的现有资源充分发挥其应有作用，达到资源优化配置状态。

本书在分述整合管理的各种方法中，在用到整合的概念时，由于其视角不同，将有细微的差别，但不会影响对全书内容的理解，在此还请读者细察。

2. 整合管理的一般特征

管理是对组织的资源进行有效整合以达到组织既定目标的动态的创造性活动。**整合管理是创造性地将管理方法中的两个以上的方法综合运用于整个企业系统，使企业现有资源运用和配置最优的管理活动。**它具有下列一般特征。

（1）系统性

围绕着完成目标的需要，把有关的单位、部门以及一切分散的、零碎的相关内容组成一个有机系统。以工厂为例，如果所确定的目标是正常生产活动能够完成的，那么工厂已经有了正常的组织（车间、科室等），无需专门组织，只要把它们的任务规定清楚，通过目标任务把它们组织得更紧密就好。如果所确定的目标不是工厂正常生产活动所能完成的，比如生产一种特殊产品，或者突击性的生产任务，那就需要对原有的组织进行调整，甚至要组成临时的指挥机构和执行机构。组织形式和办法是多种多样的，例如行政的办法，经济的办法，合同的办法等。有紧密型组织，也有松散型组织。不论采取什么形式和办法，都是要把完成目标所必需的人、财、物各要素合理地组织起来，加以充分利用，把产、供、销各环节相互衔接，使之密切配合，最终以较少的劳动耗费取得最大的经济效益。

（2）动态性

整合管理的动态性特征主要表现在整合活动需要在变动的环境与组织本身中进行，需要消除资源配置过程中的各种不确定性。因此整合管理不是停留在书本上的东西，它是现实实践过程中的操作。书本上的东西最多是管理实践的总结或理论的推演，它是一种静态的东西，**学习管理需要学习书本上的东西，但更重要的是学会在什么样的状况下如何实施具体的管**

理。哈佛大学注重案例教学，表明了哈佛的教授们对管理真谛的一种认识与反映。事实上，由于各个组织所处的客观环境与具体的工作环境的不同，各个组织的目标与从事的行业的不同，导致了每个组织中资源配置的不同性，这种不同性就是动态特性的一种派生，使得世界不存在一个标准的处处成功的管理模式，也即"没有最好，只有更好"。

（3）科学性

整合管理的动态特性并不意味着整合管理没有科学规律可循。管理活动尽管是动态的，但还是可将其分成两大类：一是程序性活动；二是非程序性活动。所谓程序性活动就是指有章可循，照章运作便可取得预想效果的管理活动。所谓非程序性活动就是指无章可循，需要边运作边探讨的管理活动。非程序性活动更需整合技术。这两类活动虽然不同，但又是可以转化的，实际上现实的程序性活动就是以前非程序性活动转化而来的，这种转化的过程是人们对这类活动与管理对象的规律性的科学总结，管理的科学性在这里得到了很好的体现。对新管理对象所采取的非程序性活动只能依据过去的科学结论进行，否则对这些对象的管理便失去了可靠性，而这本身也体现了管理的科学性。非程序性活动通过整合而成为程序性活动。

（4）艺术性

由于管理对象分别处于不同的环境、不同的行业、不同的产出要求、不同的资源供给条件等状况下，这就导致了对每一具体管理对象的管理没有一个唯一的完全有章可循的模式，特别是对那些非程序性的、全新管理对象而言，则更是如此，从而造成了管理活动的成效与管理主体的管理技巧的发挥的程度相关性很大。事实上，管理主体对这种管理技巧的运用与发挥，体现了管理主体设计和操作管理活动的艺术性。另一方面由于在达成资源有效配置的目标与责任的过程中可供选择的管理方式、手段多种多样，因此在众多可供选择的管理方式中选择一种合适的用于现实的管理之中，也是管理主体进行管理的一种艺术性技能。**艺术性这种东西更多地取决于人的天赋与直觉，是一种非理性的东西，管理有时就是一种非理性的活动。**

(5) 创造性

整合管理的艺术性特征实际上已经与整合管理的另一个特征相关，这就是创造性。管理既然是一种动态活动，既然对每一个具体的管理对象没有一种唯一的完全有章可循的模式可以参照，那么欲达到既定的组织目标与责任，就需要有一定的创造性。管理活动是一类创造性的活动，正因为它是创造性的活动，才会有成功与失败的存在。试想如果按照程序便可管好的话，如果有某种统一模式可参照，那么岂非人人都可成功，成为有效的管理者？**管理的创造性植根于动态性之中，与科学性和艺术性相关。**正是由于这一特性的存在，使得管理创新成为必然和必需，也使得整合管理成为必要。

(6) 经济性

资源配置是需要成本的，因此整合管理就具有经济特性。整合管理的经济性首先反映在资源配置的机会成本上，管理者选择一种资源配置方式是以放弃另一种资源配置方式为代价而取得的，这里有个机会成本的问题。其次，整合管理的经济性反映在管理方式方法上，就是以最低的交易成本达到同样的经济效果或者以同样的交易成本达到最优的经济效果。

(7) 最优性

与整合管理的上一个特征相联系，**最优性并不仅仅反映在细枝末节上，而还最终反映在整个企业系统上。**

从系统科学方法的应用来看，开发一个系统，总是和人们利用这个系统的目标联系在一起的。例如，开办一所学校是为了培养某一方面的人才；建设一座水库是为了获得灌溉或发电等方面的经济效益；建设一座工厂是为了生产某些产品，获取经济利益和社会效益；组建一支部队是为了执行某种军事任务，保卫国家的主权和安全，等等。组建和管理系统的效果，越接近于人们所要达到的目标，则这个系统越好。所谓系统的最优化原则，是指系统的运行能最大限度地发挥其功能，创造最佳的运行效果。系统最优化的原则，要求实现最优计划、最优设计、最优控制、最优管理、最优决策。最优化是系统科学方法的核心问题，是处理系统问题的出发点和归宿。

系统的优化，依据问题的性质，可以分为静态优化和动态优化两种类型。

由于系统受多种复杂因素制约，很难用经验的方法判明是否处于最优化，所以系统的优化一般都是通过建立系统的数学模型来计算的。用数学模型方法所处理的优化问题，往往带有纯理论的色彩，而现实的问题要受到各种具体条件的制约。理论上的最优不一定是现实上的最优。因此，必须把最优化的处理同可行性处理结合起来。可行性研究是对系统的各种方案（技术方案、建设方案、经营方案等）的经济有效性、技术合理性、运行可靠性的一种综合的分析、计算和评价。它对于科学研究、技术开发、工程建设、体制改革等系统问题，有重要的现实意义。可行性的原则同最优化的原则是一致的。通过系统的可行性分析，对系统的最优化做出合理的选择。**可行性分析进行得越具体、越准确，系统最优化的现实性就越大。**

首先，人们对"最优"的理解不同，对"最优"的要求不同，系统所处的时间、地点、环境不同，就会提出不同的标准。其次，为了求得现实系统的"最优"，就必须把所需要的全部信息找准找全，而这项工作在很短的时间内是难以达到的。最优化的处理方法，在大多数情况下都是对问题的性质作某些简化处理，略去一些次要的因素和信息。这样的"优化"，也只能带有近似的意义。再次，任何系统都是发展变化的，即使在某个时候，找到了现实系统的最优解，但随着时间的推移，系统的状态特性发生了变化，原先的"最优"已时过境迁，已不是"最优"的了。因此，我们认为在现实世界中找出绝对的"最优"不仅是不可能的，而且也是无意义的。因此，对于一个具体的决策问题，只需要找到近似解或满意解就可以了。也就是整合到了"最佳"状态。

三、系统论是整合管理的哲学基础

任何一种管理理论和管理方法莫不是以相应的哲学观点作为基础的，整合管理也是如此，它是以系统思考作为其理论基础的。

1. 东方管理思想的精髓：整体意识

西方强调个人的自身价值，强调个性和自由。儒家主张"修身齐家治国平天下"，把个人、家、国、天下四者统一起来，在社会整体中确立个人的价值，强调培养个人对社会、对国家的使命感，以天下为己任，"天下者非一人之天下也，天下人之天下也"。"国家兴亡，匹夫有责"，倡导"先天下之忧而忧，后天下之乐而乐"的崇高的人生价值的追求。从总体上论，儒家强调整体并不忽视个性，但我国历代统治者为统治的需要而使个性受到压抑，中国改革开放以后，强调发挥每个人的创造性和主动精神，但也出现了一些过分贪婪、自私、对社会对企业漠不关心的现象。因而继承和发扬儒家文化的群体意识和忧国忧民、爱国爱民的高度责任感，处理好个人与整体的关系，在充分发挥个人才能的基础上增强整体的凝聚力是一项紧迫的任务。**强调群体意识与"团队精神"，强调实现个人价值与奉献社会相融合，是东方式管理的一个重要特点，也是整合管理中的文化底蕴。**

2. 中国的国粹：天人合一

有些外国学者认为，儒家的宇宙理论和伦理观念，对于调整人与自然、人与社会的关系，具有积极而普遍的现实意义。**中国传统文化，在一定程度上反映了农业文明的成就，主张天人合一，强调人与自然的和谐，要顺应而不是违背自然规律。**"惟天地，万物父母"，"天地与我并生，而万物与我为一"；"四时有明法"，"万物有成理"（四时的变化有其规律，万物的生长也有其自然规律，这是无法改变的）。但是，人可以顺应自然，"望时而待之，孰与应时而使之"，与其消极等待，不如因时制宜地运用自然规律。显然，这种天人合一的自然观和生态观，对于现代社会发展所面临的生态危机来说，具有重要的现实意义，应当成为现代人类社会发展的重要战略思想。

儒家文化不仅从伦理道德、观念意识、行为准则、价值取向、管理哲学等方面为现代管理提供有益的养分，而且古代儒家学说中，还包括许多对管理活动的直接论述，如早在两千年前就提出的"衣食足而知荣辱，仓廪实而知礼义"的需求层次论，"贵上极则反贱，贱下级则反贵"的市场物价变化趋势，"人弃我取，人取我与"的经营策略，"因天下之力，以生天下之财；取天下之财，以供天下之费"的理财之道，"凡事预则立，不预则废"的预测观点，以及许多关于决策和战略策略的精辟论述，至今仍在被一些包括日本企业家在内的企业家认真研究和学习。中国古代管理思想，是有待发掘的另一文化宝库。

3. 系统工程与系统管理思想

系统就是同类事物按一定的关系组成的有内在联系的整体。

以"系统"（一个工厂、企业、学校、研究所、政府机构以及一个工程项目等都是一个系统）作为研究对象，从"系统"的整体出发，用最合理、最经济、最有效的组织管理方法和技术，最优地达成"系统"的目的，这种方法和技术即称为系统工程。它是组织管理的技术，是组织管理"系统"的规划、研究、设计、制造、试验和使用的科学方法，是一种对所有"系统"都具有普遍意义的科学方法。

学习系统工程，最主要的是学习、掌握"系统"的概念，"系统"的观点，"系统"的思想和研究、处理问题的思路。这些是在管理实践中用得最多、最具有普遍适用性的东西。**系统管理思想是管理科学的核心，它主导着现代化管理**。系统管理思想主要包括追求整体功能、达到效益最优的整体管理思想，有机联系的统筹管理思想，区分层次的层级管理思想，有明确目的的目标管理思想，适应环境的弹性管理思想等。

在掌握系统工程原理的基础上，可以根据整合管理的实际需要，学习一些系统工程的具体技术和方法，包括一些数学方法。不过，许多具体的技术方法，只有在系统思想的指导下和在系统工程的思路中加以应用，才具有系统工程的意义。这些具体技术方法（如最优控制方法、优化技术、线性规则、投入产出分析等）是系统工程的工具，而系统工程的灵魂是系统概念、系统工程的思路。整合管理正是建立在系统工程等科学方法基础之上的新型管理。

管理系统同任何别的系统一样，都是由各种元素（分系统）组成的。元素之间的相互关系（即组织形式和结合方式）的总和构成了系统结构。

管理系统的结构合理，才能使管理有序，而且对管理系统的功能起决定性的作用。应明白结构方面的哪些问题影响管理功能。

任何一个管理系统，它的功能都主要取决于它的要素和结构，它的生命力则主要取决于它的机制。机制一般是指有机系统当其内部和外部条件发生某些变化时，系统的调节、变应能力，带有系统"本能"的性质，它渗透在机体的每个环节中，成为对系统进行控制的基础，即控制离不开对机制的操纵和利用。管理系统的机制，就是它的随机适应能力，即当管理系统的环境条件和系统的某些环节发生某种变化时，它可以随时使管理系统得到自动调节，以适应变化了的情况，使其继续朝着自己的管理目标运行。

4. 企业管理需要系统思考

20世纪90年代，西方流行学习型组织、企业再造理论，对西方企业的发展道路进行反思，于是，彼得·圣吉所著的《第五项修炼》风靡一时。**圣吉提出的核心修炼就是"系统思考"**，这种思维模式按照他在中文版序中所说，与中国传统文化有千丝万缕的联系。因为"中国传统文化中保留了那些以生命一体化的观点来了解万事万物运行的规则，以及对于奥妙的宇宙万物本源所体悟出的极高明、精微而深广的古老智慧结晶。在西方文化中，人们倾向于看见的是由一件件事物所组成的世界；人们深信简单的因果关系，不停地寻找能够解释一切的答案。"

在市场经济条件下的企业是一个复杂的系统，是在一定的体制（机制）下的经营、信息、开发、供销、管理、生产、后勤及企业文化、思想政治工作等许多要素相互联系、相互作用、相互制约地构成的一个有机整体；而这整体又具有不同于各组成要素的新功能；这整体还与外部的市场环境、社会政治环境、自然生态环境密不可分。因而，**只有运用系统观察及系统工程方法才能搞好企业**。

用系统观念看问题，就不能把一个复杂的事物简单化地分成几块，然后通过抓住每一块的主要矛盾或主要矛盾方面就想取胜，这是对两点论的简单化和片面化。对于企业来说，影响企业的因素很多，并且都处于动态的变动中，相互制约着。企业就好似一盘棋，对于一盘棋来说，是不能简单地把"卒子"定为次要矛盾或是次要矛盾方面,卒子过河就可能演变成致命的决定性因素;企业又好似一笼相互咬着的螃蟹,往往先要解决一系列的次要矛盾,然后才能接近并解决主要矛盾。

四、系统思维是整合管理的智慧源泉

1. 什么是系统和系统思维

分析系统思维,先要了解系统的概念。

所谓系统,是指由若干相互区别、相互作用、相互联系的要素按一定方式组成的有机统一整体。说得再简单一些,**系统就是由两个以上要素组成的整体。系统的各要素之间,要素与整体之间,以及整体与环境之间都存在着一定的有机联系。**

系统可分为两大类:一类是自然系统;另一类是人造系统。系统是个相对的概念,多个系统可以组成一个大系统,许多大系统又可组成更大的系统,系统没有一个绝对的规模界限,它具有集合性、相关性、整体性、结构性、开放性等特点。

所谓系统思维,就是把事物视作一个由要素构成的、具有一定结构和功能并与外界相互作用的系统,着重从要素与要素之间、整体与部分之间、整体与外部环境之间的相互联系、相互作用、相互制约的关系中综合地、精确地考察事物,以期全面把握事物的一种思维方式。

系统思维的基本着眼点是整体性、综合性。这也是我们认识、解决系统问题的基本出发点。

系统思维就是以整体的观点对复杂系统的构成组件之间的连接进行研究。系统思维解决问题的方式就是认识到复杂系统之所以复杂,是因为系统各个组件间的联系。如果想要理解系统,就必须将其作为一个整体进行审视。系统思维是解决复杂问题的工具、技术和方法的集合,是一套适当的、用来理解复杂系统及其相关性的工具包,同时也是促使我们协同工作的行动框架。因此,系统思维的精髓是用整体的观点观察它周围的事物。只有拓宽视野,才能避免"竖井"式思维和组织"近视"这一对孪生并发症的危害。当然，视野的拓宽不能够以忽视细节为代价，要适当划分系统的范围。

系统思维是一种开放、动态、互动的思维方式，它将各种现象和事物都看成互相牵连，彼此相关。在整个系统中，往往一个不易察觉的小小的行动或要素，也可以牵一发而动全身，产生巨大的影响，即"亚马逊雨林一只小花蝶翅膀的细小震颤可能就会引起蒙古草原的阵阵巨风"。

2. 系统思维的基本特征

系统思维的基本特征具体表现在思维的整体性、结构性和层次性上。

（1）系统思维的整体性

系统思维首先具有整体性特征，它是将思考的对象作为一个整体来进行分析，着重分析整体与局部的相互作用与相互关系、局部与局部的相互作用与相互关系，以期对思考对象的全面把握。

（2）系统思维的结构性

系统思维的结构性，是指任何事物作为一个有机整体的系统，其内部各种要素必然形成一定的结构。如果各种要素是"一盘散沙"，没有结构，就不能形成系统的有机整体。**系统的有机整体性就在于其内部具有结构性。结构乃是系统自身存在的，具有整体性和功能性的基础。**

$1+1=2$，这是数学中的相加定理，但在生活中的许多场合，"$1+1$"并不等于2，而是大于2或者小于2。如人们常说的"一个和尚挑水吃，两个和尚抬水吃，三个和尚没水吃"，"三个臭皮匠，顶上一个诸葛亮"等等。这些说的都是系统思维的结构性特征，即整体功能可以大于或小于它的各部分之和。

系统思维的结构性特征要求人们在思维时不仅要有整体观念，还要有结构观念。如果说离开了整体观念就会片面地看问题，那么离开了结构观念就会表面地看问题。

（3）系统思维的层次性

系统思维的层次性是指整个世界是一个有层次性的系统世界，是一个由简单到复杂、按秩序构成的无限层次的系统。物质世界的层次性，就要求思维在考察对象特别是研究复杂问题时，不仅要有整体观念和结构观念，还要有层次观念。不能撇开系统所处的层次去考察，而要注意研究各个高低不同层次之间的纵向和横向联系，综合进行考察，也就是要全方位、立体性地分析研究问题。

3. 综合分析：系统思维的最根本方法

系统思维的最根本方法是对思维对象进行综合，因此，从某种意义上说系统即综合，综合是一种把对象的各个部分、各个方面和各种因素联系起来考虑的思维方法，综合的特征就是利用前人或他人已有的成果进行有目的的综合，这样的综合如果出现了新奇的效果，当然就成为更上一层的创新了。

综合有各种形式，如材料综合、方法综合、纵横综合、分合综合、功能综合、名义综合等各种形式。

(1) 材料综合

材料的综合，是指将各种原料按不同方式综合后产生众多不同的结果。材料并非仅仅指原材料，它包含原料或资料两重含义。

(2) 方法综合

方法这个词在语言文字中有多种表示法，诸如方、法、道、术、策、计、谋略、办法、路子等，"办法总比困难多"，说明人们重视方法技巧，这本身就是对理性的崇尚，而理性是无止境的，它是人类一切行为的先导。

(3) 纵横综合

人们在进行创造性思维的过程中，并不是单向思考的，往往是横中有纵、纵中含横，纵横交错进行的。往往在深入不下去时，就转换一个角度，另起炉灶，犹如挖井采矿，深入下去没有结果时就转换一个地方，这往往会起到"山重水复疑无路，柳暗花明又一村"的效果。

纵向也叫垂直，是竖向的思维。一般是从事物本身的发展中作比较，纵向知识的深入掘进，横向知识的连环选择性调节，两相结合通常会取得圆满的预想效果。

横向思维与纵向思维是在扩散和集中的不断反复组合过程中产生的，**创造性的系统观点就是通过系统纵向推进，横向扩散，越过习惯性的障碍，从而达到终点的**，这就导致了转移创新，而转移创新法是"下金蛋"的方法。

纵横综合不是简单的纵横排列，而是以多学科的横向移植进行纵深的创造性突破，这种方法是种趋势并且得到越来越广泛的认同，可以说横向思维加强了纵向思维的开掘力，纵向思维的开掘每每得力于横向思维的高速率。

（4）分合综合

分合综合实际是分离思维和合并思维的综合，其方法是先将思考对象的整体分离，然后再合并成另外一种新的产物。

在现实中，我们对所处环境应该有一分为二的观点。对更复杂的事物往往需要一分为三、一分为四甚至更多更多。重点先放在"分离"上，然后再考虑如何更新颖地合并，先分后合，合中寓分。

（5）功能综合

功能是指事物为达到某一目的所具备的能力，是事物自身和环境做功的能力。从本质上说，功能是在运动中表现出来的，离开事物各要素之间及其与外部环境之间的物质、能量和信息的交流、交换过程，是无法考察事物功能的。电热锅的功能要通过电流与电热丝、锅子的相互交流才能显示它的功率。任何一种商品，都具有功能性，人们买商品实际上是买功能，而购买功能说到底是产品有"使用价值"。功能越优异，越受顾客的青睐。商品有简单的商品，也有复杂的商品，简单的商品功能简单，复杂的商品自然功能复杂。功能综合就是将一部分的功能，与另一部分的功能相结合，即功能甲加上功能乙，从而产生一个全新的功能。

（6）名义综合

名义是身份、资格、名分的统称，如名分是指人的名义、身份和地位。利用人们对名人、明星、名角的尊崇、信任、好奇、向往的心理，借助名人的光环照亮自己。名人、明星有着不同于一般人的过人建树，利用名人、名牌，或新、奇、特、怪等进行综合，也是极富创意的。我们经常看到在广告中用明星名人做代言人，就是因为名人是有代表性的典型，有着广泛的认知度。所谓"典型"，必须具有代表性和广泛的影响力这两个特点，二者缺一不可。如你选用了一个具有十足个性的农民，他也许有一定的代表性，但由于缺乏影响力，因此传播的效果也就有限。随着社会的发展，人们的审美与价值判断也发生了变化，常态与传统的名人、明星退居其次，"超女"、"超男"应运而生，"粉丝"、"玉米"接踵而来，但仍然没有离开对名人尊崇的沿袭。

4. 作关联性思考，牵好系统这根"发"

系统思维充分利用了事物间的关联性，在既看到"树木"的同时，又能够看到"森林"，而且诸多要素之间是"牵一发而动全身"的关系，所以说，用好这种关系，我们就可以创造性地解决问题。

一位老农向地主借了一百枚金币。他请来几位朋友，与家人一起辛辛苦苦地盖了一座两层楼房。

老农还没搬进新楼房，地主就企图把楼上那一层用来自己住，算是老农拿房子抵债。他对老农说："请把二层让给我住，我借给你的那一百枚金币就算是抵消了。不然，请你马上还我钱。"

老农听了地主的话，显出很不情愿的样子，说道："地主老爷，我一时半会儿还不了您的钱，就照您的意思办吧！"

第二天，地主全家喜气洋洋地搬进了新房子的二楼。过了数日，老农请来几位朋友和邻居，大家一齐动手拆起一层的房子来。地主听见楼下有声音，跑下来一看，吃惊地叫道："你疯了吗，为什么要拆新盖的房子？"

"这不关你的事，你在家里睡你的觉吧！"老农一边拆墙一边若无其事地说。

"怎么不关我的事呢？我住在二楼，你拆了一楼，二楼不就塌下来了吗？"地主急得直跺脚。

"我拆的是我住的那一层，又没拆你住的那一层，这与你没什么关系，请你好好看住你那一层，可别让它塌下来压伤了我和我的朋友。"老农说完，又高高地抢起了铁锹。

"请看在我们多年交情的分上，让我们好好商量商量，请把你的那一层也卖给我好吗？"地主无奈，只好放软口气。

"如果你真心实意想买，就请你给我200枚金币。"老农说道。

"你……你……"地主气得说不出话来。

"地主老爷，你不要吞吞吐吐，200枚金币少一个子儿我也不卖，我是拆定了。"说着，老农又高高地举起了铁锹。

"别拆，别拆！我买，我买还不行吗！"地主只好拿出200枚金币买下了这所房子。

《红楼梦》中冷子兴述说荣、宁二府时，便说"贾、史、王、薛"这四大家庭互有姻亲关系，是一损俱损、一荣俱荣的。后来贾雨村凭借林如海的推荐，最终在贾政的帮助下谋得官职。这是利用人际关系网办事的一个典型范本。

一般情况下，事物间都是普遍存在关联性的，在系统思维的指导下，我们可以利用事物间的关联性分析问题、解决问题。现在，不只人与人之间的关系是互有联系的网状结构，几乎任何事物都可以找到与其他事物的关联处。炒股的人都知道，股票的价格是受多方面因素影响的：国家政治格局、经济政策、企业发展、能源占有等。而这些因素之间也存在着或多或少的联系，某一方面出现的一点点变动，也许就会影响甚至决定大盘的走向。所以，在投资时，股民就可以利用这些因素与股价的关联性进行判断，进而做出"买进"或"卖出"的决定。

人们知道了系统有这种关联性，有"牵一发而动全身"的效果，就可以适当牵好系统这根"发"，让事情朝着自己所希望的方向发展。

5. 在系统思维中对要素进行优化组合

系统思维的一个重要前提就是对相互割裂的诸要素进行有机连接，从而在最佳的机制下达到最理想的目标。老虎运输一车食物到家里。老虎是领导者，它将任务分配给鹰、鱼、虾完成。三位一起用力，小车一动不动。原来鹰往上使劲，虾向后拖，鱼向水里拉。老虎请来狐狸帮忙，狐狸在车上系三根绳子，一个长，一个短，一个不长不短，狐狸叫来老鼠、狗和小猫并让它们先全部闭上眼睛，它让老鼠拉长绳子，让狗拉短绳子，让小猫背上骨头拉另外一条绳子。然后，狐狸叫大家一起睁开眼睛，老鼠见后面有猫，拼命向前跑；猫看见前面有老鼠拼命向前追；狗看见猫背上有骨头，也拼命向前追，食物很快就运到了。这是一个有趣的寓言故事，但是我们从这个故事中看出：虽然鹰、鱼、虾目标相同，但是执行方向不一致，这是因为老虎没有目标管理概念；狐狸却充分运用动物各自相互制约的特点对其进行管理，使得动物在实现自己目标的同时，达到成功。这就是系统思维的体现。

系统思维要求人们用系统眼光从结构与功能的角度重新审视多样化的世界，把被形而上学分割了的世界重新整合，将单个元素放在系统中实现"新的综合"，以实现"整体大于部分的简单总和"的效应。

比如，贝特茜和鲍里斯需要做三件家务：

用吸尘器打扫地板。他们只有一个吸尘器。这项工作估计需要30分钟。

用割草机修整草坪。他们只有一台割草机。这项工作估计也需要30分钟。

给婴儿喂奶和洗澡。这项工作估计也要30分钟。

贝特茜和鲍里斯如何合作，才能尽快完成家务（请思考20分钟）。这是一个不仅需要知识更需要智慧的问题。它就像头脑风暴创始人奥斯本那个得意的"最富刺激的酬劳法"一样，充满了"运筹"的美感。"最富刺激的酬劳法"是怎么回事，且听奥本斯细细说来——他说："我的一位邻居就遇到过这种事情，他喜欢在晚上将30只高尔夫球从篱笆这边打到邻近的荒芜的场地上，以此来松弛一下身体。"

一天他5岁的小儿子对他说："要是我把你的球全捡回来，你给我多少钱？"

父亲想给他10美分，但他却说："你捡回3只球，就能得到一美分。"

孩子开始尽力找球，但是，当他捡回来二十七八只球时，就再也没有耐心找其余的两三只球了。

父亲唯恐这样会使他养成漫不经心的习惯，便以下面的方式改变了报酬的方法："如果你把所有的球都找回来，我就给你15美分，而不再是10美分。不过，你要是只找回28只球，就一分也得不到；找回第二十九只球，我给你5美分，第三十只球给你10美分。"

从那天起，孩子每次都将球全部捡回来，而且更加兴致勃勃地去找球了。

上述家务问题的答案也一样有趣和令人惊讶：通常的结论应当是60分钟。你知道是怎么工作的吗？

其实，只要运用系统思维对全过程进行协同配置，就会发现这个秘密：让贝特茜先用吸尘器完成一般的地板清扫任务（15分钟），并让她自己单独完成照顾婴儿的任务（30分钟）。同时，鲍里斯开始用割草机修整草坪（30分钟），然后再接着来清扫地板（15分钟）——总时间为45分钟。

系统思维在我们的工作和生活中经常能用到。不管一个系统内基本要素的数量多还是少，要素之间的相关联系都是极其复杂的，因此，**从整体上对要素进行系统分析、优化组合很有必要，这样可以帮助人们用最短的时间完成工作，大大提高工作效率。**

第一章
战略整合：动态调整企业目标

众所周知，当一个人行走的方向背离他要去的目的地时，走得越快，他离他要到达的目的地也就越远；前提是，方向必须正确。而这个"方向"，这个"目的地"的设定就是"战略"。企业首脑的首要任务就是要设定"目的地"，要让全体员工知道往哪个方向走。

21世纪是个以知识与智慧取胜的世纪，科技与资讯的高度膨胀，使得经济领域瞬息万变，这就更要求企业的领导人从琐事中超脱出来，随时保持一个清醒的头脑，密切注视来自方方面面的信息，及时制定或调整队伍的前进方向，否则随时有全军覆没的危险。

一、企业经营战略与战略整合

对于企业来说，经营者必须要善于将战略的各个方面，系统地进行动态的组合与调整，使之能够适应不断变化的内外形势，使企业的战略整合出神入化。

1. 企业经营战略及其特性

战略一词的本来含义是"指导战争全局的方法"，是对战争全局的筹划和指导。战略用于企业，即是指指导企业经营全局的方法，是对企业发展的整体筹划。

战略与战术是相对而言的。战略是指导全局的谋略，战术是指导战斗的方法，战术是在战略方针的指导下进行的。

企业经营战略，是指导企业全局的方法，它有空间概念的全局和时间概念的全局。

战略问题有四个基本特性：对抗性、全局性、长期性和艺术性。战略的内容一般由战略目标、实施战略的手段、运用战略的途径以及战略遵循的原则组成，这一切具体包括如何扩大战略决策视野，如何增强战略决策预见、经济战略决策的程序、运行控制、决策技术等问题。

企业首脑假如不能从日常琐事中解脱出来，不能为企业提出正确的发展战略，这种领导人，不管他干得多么辛苦，都只能说是不称职的。

我们有些企业首脑，"很忙、很忙"是他们挂在嘴边的"口头禅"。他们整天忙忙碌碌，手机不停地响，双脚不停地跑，事无巨细都要亲力亲为，实干精神可嘉，却往往是"捡了芝麻，丢了西瓜。"

2. 战略整合是对企业战略管理活动的综合

所谓战略整合，就是将战略的各个方面，按系统原则进行有机的动态组合与调整，使之能够适应不断变化的内外形势的过程。

战略整合要把握外部环境的变化及其变化趋势，相应地优化内部资源配置，从而取得内部资源与外部环境的协调，实现企业持续、快速、稳定发展。

　　企业战略是一个完整的有机周密系统。战略的制订很重要，但战略的动态控制更是不可或缺。没有战略规划不行，但死守战略规划而不能根据变化了的情况进行动态整合更糟。因为无论是长远战略还是当前战略，都是根据当时当地的具体情况来制订的，**在当今经济形势瞬息万变的境况下，战略的动态整合尤显必要，我们称之为战略动态整合生存。**

　　一般认为，企业战略整合是企业最高管理层根据企业的宗旨和对企业内外部环境的分析，确定企业的总目标和发展方向，组织企业的人、财、物资源，实现企业总目标的谋划。可见，企业战略也就是企业管理的科学与艺术。企业的战略整合，就是企业最高管理层对企业战略的设计、抉择、实施等管理活动的最优化综合。

　　现代世界经济一体化趋势日渐明显，各国对外开放程度不断扩大，新技术革命使得产品和技术更新的速度加快。企业所面临的是一个高度复杂和变化的生存环境。企业为了生存与发展，必须对内部和外部的各种信息运用软科学技术进行分析，然后决策出未来的发展方向。把握外部环境的变化及其变化趋势，相应地优化内部资源配置，从而取得内部资源与外部环境的协调，实现企业的发展。这种管理便是战略整合。因此，我们一定不要将战略整合看得过于神秘而畏难发愁，也不要将战略整合看得过于简单而企图一蹴而就。

　　企业战略整合是知识经济时代日趋激烈的市场竞争的产物，它要求管理者站在全局的高度，把握未来环境的变化，通过强化自身优势，取得内部资源与外部环境的动态平衡，以取得长远发展。

　　企业战略整合作为一种新的管理方式，具有以下一些特点。

　　第一，战略整合是以市场为导向的战略管理。它非常强调对企业外部市场环境的变化及其趋势的把握，要求应用现代软科学技术对企业外部环境的信息进行采集、分析。

　　第二，战略整合是有关企业发展方向的战略管理。它特别注重企业未来总体的发展方向，如企业的新的经营领域，应该采取哪些战略步骤，这要求企业决策者根据内部与外部信息进行决策，这是战略整合的关键。

　　第三，战略整合是面向未来的战略管理。换句话说，**战略整合既关注**

企业的眼前利益，也关注整合企业的长远利益。

第四，战略整合是寻求内部资源与外部环境相协调的战略管理。通过对外部环境因素进行分析，对环境变化进行预测，通过企业内部资源的调整、优化以及取得新的资源等措施，寻求在未来时期企业与环境的协调。

企业战略整合是企业在激烈竞争条件下的一种选择，这种整合具有以下几方面的作用：首先，战略整合能够促使企业管理者密切关注外部环境变化，及时抓住企业发展的宝贵机遇，主动迎接未来挑战；其次，战略整合有利于企业优化配置内部资源，企业只有实施有效的战略整合，才能将企业的各种资源统一到企业战略之下，从而避免出现资源分配与工作重点在安排上的冲突；最后，战略整合对企业内部各部门、各环节的高效运行起导向作用，有利于发挥组织的协同作用。

二、企业战略整合的基本方法

方法不当，难修正果。企业战略整合要达到最终目标，必须依靠细化整合、协调整合、系统整合、动态整合、优化整合等正确的方法。

1. 企业战略的系统整合

在企业战略整合过程中，至关重要的是确定新的企业战略整体目标，比如一个工厂的管理，要确定全厂的整体目标（年度或某个阶段），一个工程项目的管理，要确定工程的整体目标。 确定整体目标要用系统方法。然后，以整体目标为核心，以整体目标的最优化为准绳，在整体目标的指导和制约下，合理地划分、确定各分系统的目标。例如确定工厂各车间、各部门的目标，确定工程项目中各个单项工程的目标。

在整个系统的运行过程中（即完成目标的过程中），各个分系统要独立自主地充分发挥积极性，责权统一，各负其责，各用其权，在职责范围内有权决定自己的工作。各分系统也可以有自己的独立于整体目标之外的目标，只要与整体目标不矛盾就可以。

各分系统任务的完成，还不等于系统整体目标的完成。 就像一部机器，各个零件制造出来了，不等于机器已制造出来，还要把零件组装成部件，把部件组装成一部完整的机器。这就是在系统管理过程中进行的第二次系统综合（第一次是确定系统的整体目标）。把原来由整体目标分解而来的，又由各分系统经过实施过程完成了的各分系统目标，现在再把它们综合成系统整体。这个系统综合很重要，是"出成果"的阶段，是对撒满田野的果实进行收获。

同时，还要进行系统评价。就像对机器的零部件要进行检验，对组装成的整机要进行调试、验收一样，对系统管理所达到的整体效果（已实现了的整体目标）也要进行总结、评价。

围绕着完成目标的需要，把有关的单位、部门以及一切分散的、零碎的相关内容组成一个有机系统。以工厂为例，如果所确定的目标是正常生产活动所能够完成的，那么工厂已经有了正常的组织（车间、科室等），无须再专门组织，只要把它们的任务规定清楚，通过目标任务把它们组织得更紧密。如果所确定的目标不是工厂正常生产活动所能完成的，比如生产一种特殊产品，或者突击性的生产任务，那就需要对原有的组织进行调整，甚至要组成临时的指挥机构和执行机构。组织形式和办法是多种多样的，例如行政的办法，经济的办法，合同的办法等。有紧密型组织，也有松散型组织。不论采取什么形式和办法，都是要把完成目标所必需的人、财、物各要素合理地组织起来，加以充分利用，把产、供、销各环节相互衔接，使之密切配合，最终以较少的劳动耗费取得最大的经济效益。

在整个系统的整合过程中，在不同的环节，根据不同的需要，灵活采用各种具体的方法。 例如在确定企业的整体目标时，可应用不同的预测方法对企业的市场情况、经济效益等进行科学预测，在预测的基础上确定企业的经营目标；又如在总抓系统，对全系统进行组织协调时，可以用网络技术；等等。

2. 企业战略的动态整合

我们可以把目标的重新评价和确定看作战略整合循环的起点，目标确定之后，根据目标的要求编制计划，再根据计划分配工作与资源，即可进入计划的具体执行阶段。然后，当把实际成绩与计划进行比较时，即产生出调整工作负荷和资源分配的反馈。这种类型的比较主要与完成目标所使用的手段有关。另一种类型是将实际成绩与原定计划进行比较，并将信息反馈到计划编制阶段，同时又进一步向前传输，与原定的目标进行比较。最后的比较将导致对现行目标做出重新评价，或者做出调整。值得注意的是，这一循环可以反映任何一个中间层次的控制过程。在确定目标的阶段上，与上层控制有一个交接面；而在执行工作阶段上，是一个与下层控制的交接面。例如，一个事业部的行动计划影响着其下一层次——生产厂的目标和更加具体的行动步骤。

控制过程的基本要素对所有的组织都是相同的，但任何一个企业的控制系统的设计都不是一件"依样画葫芦"的简单事情。要形成一个有效运作的控制系统，不仅要进行精心的设计，而且还必定需要一个在实践中不断完善的过程。

控制系统的设计应充分考虑环境中的因素（如文化对群体行为的影响）和企业内部的结构。一般来说，对稳定机械式系统，控制过程可以相对地程序化，可以有明确的层级链条，将重点放在非个人的手段（如制定规章和程序）上；但对适应有机系统来说，控制过程则应是灵活的、动态的和具有较强的交互性，强调动态调控，实行分级递阶调控。一项具体的战略无论是多么特殊，它仍然是处在不断地变化之中。即使是那些制定得非常完美的企业战略目标，如果说从长期来看这些战略目标不会有什么重大的变化，但它给予不同的产品、顾客和生产技术手段的重点仍然不可避免地会发生变化，以适应企业内部条件和外部宏观条件与行业环境新的限制因素的变化。因此，可以预料到，战略计划的细微调整、有时甚至是重大的调整，是一种正常现象。战略的发展变化是必然的。任何战略计划的时效都是有限的。一旦企业内部或外部环境发生了变化，企业战略就必须随之调整和变化。

企业战略是面向未来的。企业所处的外部市场环境和企业的内部环境因素时刻都在发生变化。**企业战略整合的一个重要任务，就是要使企业适应这些内外环境因素的变化，不断适时地提出相应的新战略。**

3. 企业战略的优化整合

企业战略整合是一个持续的过程。这包括两层含义。一方面，由于企业战略具有长远性，必须经过一定时期的努力，才能最终实现企业的战略目标。不可能设想企业能够毕其功于一役，在一夜之间就实现战略目标。因此，企业战略整合是一个持续的过程。另一方面，企业战略整合又反映在战略规划、战略实施、战略控制等不同阶段。其中每一个阶段，又包含若干步骤，如：企业环境研究，企业分析，战略目标的设置，战略计划的制定，战略决策，战略实施与战略控制等。**战略整合过程的各个阶段和步骤是不断循环和继续的，是一个连续不断的分析、计划与行动的过程。**

在理想的情况下，企业的总体战略、经营战略和职能战略是在企业的每一位管理者都确信自己详细了解其工作职责范围的基础上制定的，各自都能够与整个企业的计划相吻合。因此，在企业中，特别是在那些实行多种经营的大型企业中，需要有许多不同层次的战略，而且逐层为下一层次的管理者提供更为详细的战略指导。

当企业战略的各个部分与层次相互配合、密切协调时，就能增强企业的凝聚力，也就能最为有效的贯彻与实施企业战略。职能战略与经营战略的协调一致能够大大增强经营战略的力量。同样，协调企业经营战略的各个要素，集中各职能专家等不同个人的意见，能够极大地改善和强化企业总体战略。因此，将战略的不同部分和层次之间的关系看作是将企业的不同活动从观念上统一起来的黏合剂，看作是使战略有效地发挥作用的合力，对于有效地实施战略整合是十分有益的。从企业不同层次战略之间的关系中可以看到，**一个企业的战略应该是整个企业各种战略的总和，也就是为了完成企业目标而采取的决策和领导行为的总和。**每一项经营管理活动，乃至每一位管理人员，都构成了企业战略管理的一个侧面。正是通过对企业战略的有关目标、方法、实践、方针和约束条件的分析、研究、相互交流与协商，并达成一致，将企业经营管理中一切特殊的方面结合在一起，形成一个具有不同层次的战略网络。

在此，我们特别想强调的一点就是：对于大多数企业家来说，较之制定企业战略规划，他们不得不将更多的时间用于把战略计划付诸行动，设法使其在客观条件的允许下顺利地运行。在企业战略实施的过程中，一个企业家有四项重要的任务：

- 确认实施所选择的战略对行政管理的要求，探明企业战略的实施过程中将产生的问题；
- 协调企业战略与企业的内部组织行为，使之相互适应；
- 推进战略实施过程；
- 监督战略实施过程。

这四项任务可以转化为五项战略管理工作：
- 建立一个有能力贯彻实施战略计划的组织体系；
- 分配企业资源，将企业主要能力集中于企业的战略目标；
- 激励职工为实施确定的企业战略计划而努力；
- 为企业的战略活动建立内部行政保障系统；
- 实现战略领导，采取行动改进战略的实施。

然而，上述这一切都离不开整合技术和艺术，特别是在当前资源使用对所有企业来讲既平等又不平等的情况下，更是如此。说平等，是因为大家都面对同样的资源，特别是对于信息与知识方面更是如此。说不平等，也主要是在这些无形资源上。这些无形资源都具有"谁用是谁"的特性，你注意不到这些资源的存在，或者注意到了它们的存在又不会使用，只好听任其流失。这也是目前人们拼命地鼓吹注意力经济的主要原因。

企业战略的最优化是每个企业家都梦寐以求的结果，但能否做到最优化却是难分难解的，**这就需要企业家必须具有系统的观点、动态的观念，能够熟练运用整合技术和整合艺术，才能使企业的战略时刻处于相对最优化状态。**

三、企业战略不同内容的整合方法

1. 总体战略的细化整合

总体战略整合，主要是根据企业内外环境条件的变化情况，及时调整企业经营范围和事业结构，改善经营状态，培育新的经济增长点。总体战略整合的主要内容有：总体战略选择，其核心问题是基本战略的选择；经营范围设定，其核心问题为是专业化经营还是多元化经营；新颖事业战略，其核心问题是新颖事业开发方向和成功概率的分析。

（1）产品市场分析

通过各事业或产品的市场动向、经济性、竞争动向的分析，为事业或产品组合分析提供数据。

（2）事业组合分析

事业组合分析是通过定性和定量分析结果，对现有事业进行战略定位，进而根据事业定位并参照事业结构合理组合的原则，制定公司的事业结构及基本战略方向，是企业制定和实施战略计划的有效方法。

①两个因次：事业组合分析的具体思路和方法是用两个尺度在平面图上确定各事业位置。其一因次是环境变化趋势，用市场魅力度表示，是他律要因。其二因次是与竞争对手搞差别化，用企业的强弱度来表示，是自律要因，复数评价尺度。

②组合原则：事业（产品）结构的核心是合理性问题。要制定合理的事业结构，必须根据产品市场和事业结构的分析结果，对照事业结构合理组合的原则，提出存在的问题，探讨改进的思路。事业结构合理组合的原则主要有：事业组合必须具有经营特色和主次的分明；事业组合必须有销售增长率、市场占有率、盈利能力高而又有发展前途的主力事业；事业组合必须同时具有冒险事业、名牌事业和赚钱事业；事业组合应该在设计、生产和销售上具有关联性，充分利用企业资源；事业组合应该保持生产经营的稳定性，比如，**大量生产产品和小批量生产产品，按合同生产产品和预测生产产品之间的互相搭配，就可以提高企业经营的稳定性。**

（3）总体战略方案的拟定

根据企业基本战略方向，拟订总体战略的多种方案，并经过与目的函数进行比较和平衡，根据企业的有限人、财、物资源，在基本战略的多种方案中选定战略方案。随目的函数的设定不同，方案的组合也不一样。企业根据经综合调查所拟定的目的函数进行事业平衡。

（4）实施总体战略的计划编制

根据企业总体战略方案，编制长期战略计划，包括项目计划。

在一般情况下，一个企业可以通过不同的途径实现自己的目标。**企业的战略表明企业在复杂的总体环境中如何定位，表明企业在相应的内部和外部环境因素的制约下如何采取行动。**所以，企业战略清楚地表明企业的管理者为了实现企业的目标将会如何管理。在这个意义上，企业战略是实现企业目标的工具。它有助于人们理解企业在特定的条件下将会采取什么行动、为什么要采取这样的行动；有助于企业使自己的行动合理化。作为最早接受企业战略这一概念的企业之一，通用电气公司将企业战略看作是关于如何分配和运用自己的资源来利用机会、减少威胁、以实现既定目标的声明。这种观点强调的是企业为了强化自己的地位，应当采取什么样的行动来加强企业的地位。这种观点表明企业战略必须解决企业始终面临的四个管理问题。

其一，面对条件变化带来的威胁，企业应当做出什么样的反应，如何利用新的机会，减少外界条件变化带来的不良影响。

其二，在不同的业务、不同的部门、不同的行动之间，企业应当如何分配自己的资源。这也就是说，当企业的资源有限时，企业必须将自己的有限资源优先分配给哪些方面。

其三，在企业从事的行业中，企业应当如何与每一个同行企业竞争。如怎样打入市场，怎样争取顾客，应当突出顾客的哪些需要，用什么样的技术向市场提供哪些产品，等等。

其四，为了贯彻实施总体战略，企业应当在每一项业务范围内管理好主要的职能部门和生产经营部门，以使企业内部的每一个单位都能为企业总体战略的实施而努力。

制定企业战略时要注意的两个重要特点是企业战略的情景性和变革性。企业战略的情景性是指企业战略受到企业总体环境的制约，因而战略的制定必须注意企业在总体环境中的企业定位。环境对不同的企业有不同的作用；即使是处在相同的环境之中，对一个企业适用的战略却也不一定适用于另一个企业。在不同的时期，环境对企业战略的影响也会发生变化。企业战略的变革性是指企业战略的制定要随着客观环境的变化而变化，使企业战略始终与企业环境的变化相适应。可见，**企业战略的变革性来源于企业战略的情景性。企业环境的变化必将引起企业战略的变化。**所以，企业必须不断地调整自己的战略。这种战略的调整就是安排企业总体战略的细化整合。

2. 分步战略的衔接整合

企业分步战略，是企业各事业单位的战略，实际上就是产品市场战略。它是实现企业方针目标的手段。因此，企业产品市场战略的制定必须围绕着企业的方针目标，并根据总体战略所规定的战略框架，系统地分析企业的产品和市场情况，寻找产品发展的关键因素，拟定具体方案，其核心是产品结构计划，即把现有产品结构改变为未来合理的产品结构。

过去，战略方面取得的"进展"多是些意义含糊的东西。甚至一些具有合理性的概念，像产品生命周期、经验曲线、产品组合和总体战略等，也常常具有副作用：

- 降低管理层可能考虑的战略选择（方案）数目；
- 往往葬送而不是保护了事业；
- 产生的战略具有可预见性，使对手能轻易地破解。

战略"处方"限制了竞争创新的机会。某企业可能拥有40种事业，而仅有4种战略——投资、保持、收获和撤出。很多时候，战略只是被看成一种市场定位实践或操作。这样，企业只有根据战略是否适合当前行业结构来选择战略。但是，现在的行业结构反映了行业领先者的长处所在，按照行业领先者的规则行事，通常是竞争自杀。在此，我们也可以看出战略整合的重要性。

大多数战略分析工具都只强调国内分析，很少有什么战略概念能驱使经理人员真正考虑全球机会与威胁。例如，组合战略（Portfolio）按一系列事业而不是地理市场来描绘高级管理层的投资选择。其结果是可预见的：当某项事业遭受来自外国竞争者的攻击时，采用组合战略的企业的对策一般是放弃它而进入别的全球竞争力量不那么强大的领域。短期看来，这可能是对竞争力衰退的适当反应，但以国内竞争为导向的企业会发现，可供保护的事业将越来越少。因此，不能够有预见性地进行战略整合是很危险的。

通过产品市场分析，找出本行业中具有战略意义的产品和市场及其应采取的竞争手段，从而明确本行业的成功关键因素。

应用整合技术对产品市场战略所需能力的分析。**企业资源能力整合的首要问题，是要明确什么是企业的重点能力和如何加强重点能力**。企业所需的重点能力是由企业的产品市场战略来规定的。根据企业主要产品的生命周期，并对照产品生命周期的标准战略，明确主要产品所需的重点能力和战略方向，并与同行业先进企业比较，评价企业能力的优、缺点和所需能力的水平及可能性。

在产品市场战略所需资源能力分析中，与竞争企业和同行业先进企业相比较，是评价企业能力和判定产品市场所需资源能力水平及其实现可能性的重要尺度之一。一般对竞争企业要调查其战略特色、企业能力、经营资源和经济效益；对同行业先进企业调查其开发能力、生产能力、销售能力和综合管理水平。

通过分步战略的衔接整合，将分步战略有机地整合起来形成有内在联系的整体，以避免衔接失当而使战略方向走偏。

3. 职能战略的协调整合

职能战略是企业总体战略和分步战略按其相应职能部门的落实和具体化，明确各相应职能部门应采取的具体措施，即加强哪一些重点职能，改善哪一些薄弱职能，创建哪一些与竞争对手有差别的新职能。

企业职能战略是为贯彻、实施和支持企业总体战略与企业经营战略而在企业特定的职能管理领域制定的战略。企业职能战略的重点是提高企业资源的利用效率，使企业资源的利用效率最大化。在企业既定的战略条件之下，企业职能部门根据企业职能战略采取行动，集中各部门的潜能，支持和改进企业战略的实施，保证企业战略目标的实现。与总体战略或经营战略相比较，企业职能战略更为详细、具体。它是由一系列详细的方案和计划构成，涉及企业经营管理的所有领域，包括财务、生产、销售、研究与开发、公共关系、采购、储运、人事等各个部门。实际上，企业职能战略是企业经营战略的自然延伸，使得企业的经营计划更为可靠、充实与完善。企业职能战略明确地表明每一项主要的经营业务活动与整个经营战略之间的关系,因而具有重要的意义。如果能够充分地发挥各职能部门的作用,加强各业务部门的合作与协调,顺利地开展各项业务活动、特别是那些对于战略的实施至关重要的业务活动,就能促进企业经营战略实施的成功。

企业目标的完成,是需要企业内所有的人员按照管理体制的要求,进行合理的分工,形成不同的部门和岗位,分别承担为完成企业总体目标所分配的义务。管理组织机构首先要规定为完成组织的目标,需要设置哪些部门以及岗位;其次要规定该部门或岗位对组织目标的完成承担什么样的目标责任(不单纯是某一件具体工作)。在管理中之所以需要设置某个部门或岗位,是期望其完成组织预定的目标责任。显然,没有明确的目标责任的部门或岗位,是不需要的、多余的部门或岗位。

有些企业在设置组织机构时不大考虑本企业的特点和经营目标;有些企业要进行组织机构调整,恨不得马上画出一张调整后的组织机构图;有些企业甚至赶时髦,生搬硬套地仿效别的企业组织机构。这样的结果,在决定组织机构时,将会出现公说公有理,婆说婆有理,议而难决的情况,即使决定了,实施起来也很困难。如果把企业的经营状况、事业构成特征、企业发展目标搞清楚,以有效地实现企业经营目标为前提,来设置企业的组织机构,那么上述问题将迎刃而解。

在编制战略规划时常犯的错误是简单地运用企业的综合数据,忽略了对综合数据进行具体的分解。企业的综合数据是由企业不同部门的数据组合而成的,它往往不能反映各部门的具体情况,掩盖了不同部门之间的差异。所以,**在整合战略规划时不仅要分析整个综合数据,而且要将综合数据分解为有意义的组成部分**。在战略规划的整合过程中,企业的高层管理者首先要根据企业的资源、目标和发展方向,重新评价和确定各经营单位的战略框架;然后各级管理人员共同参与战略整合。在战略整合过程中产生的矛盾和各单位提出的新建议,都需经过协商解决。当战略整合过程中发现需要建立新的经营单位时,新单位的战略的细节及其与企业总体战略之间的协调将由企业最高管理层负责。

4. 具体策略的配套整合

从严格意义上讲,具体策略不应属于战略的范畴,但对战略实施却有着举足轻重的作用，因为各级战略的制订，只是纸上谈兵，没有具体策略保证就等于没有战略，甚至还不如没有战略。

没有战略还可以做一个胸无大志的小企业，而有了战略却不能正确地实施，就有可能造成不必要的资源浪费，甚至会因此毁掉企业。近几年不少企业匆匆而来、匆匆而去的现象不能不令我们深思。因为这一议题不属于我们的主要议题，所以在此不再展开。

战略的眼光不仅源自直觉，还源自系统的思考。随着科技进步速度的不断加快，企业竞争环境与整个社会经济的发展变得更加复杂，更具动态性。为此，企业战略决策的制定与实施必须具有系统的观点、动态的观念，它需要建立一个协调的有能力贯彻实施战略计划的组织体系，这一切都离不开整合，特别是对于企业目标的动态调整。只有善于进行战略整合，才能够使企业处于最优化状态，从而确保企业在激烈的竞争中立于不败之地。

第二章
组织整合：提高企业营运效率

组织，是支撑现代企业整个系统的基本结构，为企业的管理运作提供了实施的保障和基础。组织管理是一门科学，是一门艺术。当代成功企业的领导者，都以其超人的智慧和科学的运作，向人们展示了组织艺术的魅力。

时代在变化，市场在变化，企业组织管理也要随之变化。在现代市场环境中谋求生存发展的企业，如果不能在发展的动态过程中经常地进行组织结构的调整、组织制度的创新和组织管理的整合，就不能确保企业组织的高效运营，就无法适应新的时代、新的市场、新的竞争和新的挑战。

一、组织与组织整合

生命在于运动,组织在于整合。在竞争激烈的世界经济一体化的情势下,企业要经常地围绕企业工作目标,以高效运营为原则,动态地调整组织结构,以适应新的挑战。

1. 组织的含义及其基础作用

所谓组织,是指一群人按照一定的规则,为了实现一定的目的组成一个有正式关系的团体或实体。

一个现代企业组织在很多方面与一座现代建筑相似。特别是,企业的组织图就像大厦的基本结构图,它是整幢"大厦"的"硬件"部分,它为企业的运作提供了一个基础。

建筑学是一门科学,更是一门艺术,现代企业的组织学同样如此。组织理论家们总结出种种原理、规则,使我们了解其科学的一面,而现代企业的组织者们则以他们超人的智慧、悟性与灵感,为我们展示出组织艺术的魅力。

但上述两者有一点重要的不同,即现代企业组织具有动态性,这使上述类比存在某种缺陷,建筑一旦建成即宣告其结构的定型,而在现代环境中求生存、求发展的企业却不得不经常进行结构的调整,以适应新的情况、新的竞争和新的挑战。这种组织结构的调整,就是我们这里所要讨论的组织整合。

天下不存在两片完全相同的树叶,天下更不存在两个完全相同的企业组织结构。 对任何一个特定的现代企业而言,如何设计一个适合它的、能够使其有效地实现企业目标的组织结构,实在是一件至关重要的大事。

2. 组织整合:动态地调整组织结构

所谓组织整合,就是围绕企业的工作目标,以运营高效为原则,动态地调整组织结构。

传统的组织结构是按照职能和科层来设计的,这种结构在过去运作起来非常良好，但面对今天激烈竞争的外部环境，它所做出的反应笨拙而又迟钝。特别是在当前网络高度发达的情况下，虚拟组织应运而生。实体组织和虚拟组织的综合构建和管理，更是离不开整合管理技术。

组织整合需要贯彻下列两项原则。

(1) 目标一致的原则

一个组织结构，如果能使个人的贡献有利于实现企业的目标，就是有效的。组织的结构和活动都必须用符合目标（无论是总目标还是派生目标）的有效性标准来衡量。**任何背离组织目标的触动组织结构的活动，哪怕是贴着最时髦标签的方法都是有害的，也是不允许的。**

(2) 高效的原则

一个组织结构，如果能使人们（指有效能的人）以最低限度的失误或成本（超出通常把成本看作完全是以货币或工时作计算单位的范畴）实现目标，就是有效的。效率原则是衡量任何组织结构的基础。

即使最切合实际的目标在低效组织面前都会成为泡影。低效组织最终会因自身的低效而解体。

二、企业组织的未来发展趋势

知识是最活跃的资本，是企业的核心竞争力。企业组织的未来将演变为知识型组织。在这种组织中，专家各自从事不同的技术性工作，又由于技术经验的独占而拥有很大的自主权。

知识经济时代的到来，知识管理的兴起，给企业组织的未来发展赋予了新的含义，企业一方面面临着组织结构的变革，另一方面必须提高管理的知识化、信息化和虚拟化水平。

1. 大企业的组织结构趋于扁平化

传统大企业的组织结构往往多是垂直型的，中间管理层次多、责任分工不明确，不便于管理，而且信息的传递速度慢，致使企业对市场变化和顾客需求的反应速度迟缓。在知识经济时代，企业为了更好地面向市场，加快对市场变化的反应速度，就必须改变传统的组织结构，建立一种面向市场的、扁平化的组织结构。**扁平化结构的优点是通过减少管理的层次，减少了决策与行动之间的时间延滞，加快了企业对市场和竞争动态变化的反应，从而使组织的能力变得柔性化，反应更加灵敏。**之所以提倡这种变革，是由于过去中层管理者的作用是监督别人以及采集、分析、评价和传播组织上下和各层次的信息，但是这一功能正随着电子邮件、声音邮件、共享数据库资源等技术的不断发展而减弱。而减少层次的潜在效应，正是在一定程度上有助于加快个人与小组对竞争与市场变化的反应，并实施更大跨度的控制，从而适应不断增加的工作量和更广泛的任务要求。组织结构扁平化意味着打破部门之间的界限、任命跨职能的任务团体、进行对等的知识联网，使每个人都成为网络上的一个节点。这使得企业能够把人员组织和协调起来，按照市场机会去组织跨职能的工作。团队的成员彼此依赖各自的能力，形成协作。每个人都有可能成为项目的领导，或者在一个项目中担任领导而同时在另一项目中支持其他领导。每个人都是网络中的知识贡献点和决策点，每个人都可以感受到自己的权利和价值。显而易见，扁平化的组织结构更能够发挥人的主动性和创造性，更适合知识经济时代的要求。为此，许多大企业都纷纷减少管理的层次，建立扁平化的组织结构，设立多功能、多单元、灵活的工作小组。

2. 组织边界日趋模糊化

在知识经济时代，市场形势瞬息万变，市场竞争日益加剧，迫于竞争压力，企业间的合作日益增多。合作机会的增加使企业间资源共享的范围不断扩展、程度也不断加深，从而带来企业边界的日益模糊。例如，很多著名的制造商现在集中精力进行的工作仅仅是设计产品并以产品的品牌做广告，而真正的制造（加工）工作却委托其他厂家完成。生产理论正从"及时"方法（即日本人在20世纪70年代开创的减少库存的方法）转向于"利用别人时间"的方法。利用这种新方法，库存的负担就落在生产链条中另一个参加者的身上。

数字信息流改变了个人与组织工作的方式，丰富了跨越组织边界进行商务的方式。因特网技术也在改变各种规模的组织的边界。在改变边界的过程中，无论对于组织还是个体来说，"万维网工作方式"均能使他们通过使用数字工具而重新定义自己的角色。网络使企业有可能把那些不可预知的需求处理得更好。因为有时企业急需某种技能的人才，有时又不需要他们，所以对某些领域来说，企业要灵活配备人员，以应付工作繁忙和清闲的情况变化。网络意味着多家公司使用同一个"工作室"来完成其各自企业的主要业务部分。如好莱坞的大制作室中有全日制的雇员处理财务、营销、发行以及其他进行中的项目，但是这个行业中的创作人员，即全日制电影制作人员却根本没有多少。一个电影构思被首肯后，导演集合了大群人员来创作这部电影，当他们完成工作后，队伍就解散了，从导演到演员、摄影师到布景师，都分别加入其他项目中去了。**网络技术使之得以将不同种类的项目组织在一起从事制作室类型的工作。**项目负责人如果打算组建一支团体，他可以在线描述这个项目，然后挑出能参加的人选。具备相应技能的个人和组织可以声明他们的兴趣，这样一来，项目负责人就可以迅速地建起团队了。网络的出现，使得企业有了这种新的灵活边界，企业得以更好地吸纳外界的知识。

随着市场的国际化，两个或多个公司间的合作与联盟正变得日益普遍，尤其是许多跨国公司间的合作已成为经典的案例。如 AT&T 与 Oilvetti 的合作、IBM 与三菱在办公自动化设备领域的联合。世界上越来越多的公司创造了交叉知识和专业能力，但是同时，这些公司发现，如果仅仅依靠自己的力量去发展他们需要的所有知识和能力，不仅花费昂贵而且困难重重。为此，**许多公司创建了知识联盟，使自己能够获得其他组织的技能和能力，并且可以与其他组织合作创造新的能力。**知识联盟可以是战术上的，也可以是战略上的。一个简单的知识联盟可以帮助公司在它有限的业务领域内建立新的技能，这是一种战术方法。当一个公司同顾客、供应商、劳动力组织、大学和其他组织之间建立起大批知识联盟，并以此支持公司的长远目标时，知识联盟就具有了战略性。

过去，战略联盟的主要作用是使企业在进入新市场时减少资本投入和降低风险，企业间形成联合也是为了保证快速和可靠地进入一个原先封闭的市场，或者（正式或非正式地）满足当地政府的要求，与当地分享商机。现在，多数知识联盟形成的背景与技术变更的加速及全球市场竞争迅速加剧有关。**知识联盟提供了一种机制，使其成员得以分享互补能力、追求更短的产品开发周期、减少风险、并获得战略柔性**。另外，在某些单个对手无法与占市场优势的竞争者抗争的情况下，企业还可以通过这种新的伙伴关系获得必要的经济规模和市场能力。可以说，与传统的联盟形式相比，知识联盟的作用更多，它们是联盟发展链的较高级层次。与联盟的最初原形相比，知识联盟的作用不仅包括方便产品和服务的生产、降低风险、消减成本、提高市场开发速度等，而且还有助于参加者学习并创造新的能力。最初级的联盟仅作为组织手段，通过市场联系等传统方法来帮助成员克服困难，而知识联盟能做出更广泛的贡献，能帮助一家企业在多个方面扩展专长。

3. 组织的全球化和本土化

因特网从一开始就从全球观点出发考虑问题，它没有受国界的限制，从而把世界真正变成一个地球村。信息的指数增长和网络通信的发展正在使各种跨国网络及协会的建立成为可能，而这些网络和协会往往导致更实质性的组织结构的形成。信息的全球化正在导致更多的公司向全球化发展，这种趋势早在20世纪80年代中期就已经开始。例如，耐克在亚洲生产鞋了；麦当劳正在世界各地开设分店，把它的汉堡包卖到了从莫斯科到北京的各个城市，其一半以上的营业额来自美国以外的地方。全球化的发展，已经使跨国公司发展为无国界公司。许多跨国公司已渐渐意识到必须把世界当作它们的工作场所和市场。**全球化不是公司成长的附带结果，而是正在成为公司战略的核心。**

各大跨国公司在进行全球化的同时，也在加快公司本土化的进程。因为不同国家，乃至同一国家的不同地区都有自己与众不同的地理环境、历史传统、风土人情、消费习惯等，这往往使其对外来的事物有着潜意识的排斥心理。公司在进入一个陌生的环境之前，必须对即将进入地区的诸多因素进行详细分析，尽量将自己的产品调整成为适合目标市场的产品，实现公司的产品本土化。**除此之外，公司还应适当地参与该地区的建设，以积极的态度融合于当地，实现公司自身的本土化**。例如麦当劳快餐店在全球众多国家都有分店，但是它在各国乃至各地区提供的快餐种类并不完全相同，而是根据当地人的生活习惯和口味偏好选择适宜的品种，并且还根据当地人的口味开发出新的快餐种类。麦当劳的这种经营方式使得它的快餐风靡全球。

4. 信息技术把众多组织连成一体

信息技术的发展、网络的出现，使得组织的边界模糊化，使得组织跨越地理的限制进行活动成为可能。但是尽管新的、灵活的组织边界出现了，大公司却不会将自身分解为按每个项目组合的制作公司。大公司将继续像以往那样平衡工作负载——不过他们将使用信息技术来更有效地做到这一点。每个企业都会经历寻找自己最理想的规模和组织结构的过程，虽然主流趋势会一直朝着缩小整体规模的方向发展。网络技术的出现，使公司得以将分布在世界各地的组织连成一个整体，就像组成一个数字神经系统。数字神经系统是一个整体上相当于人的神经系统的数字系统，它提供了完美集成的信息流，在正确的时间到达系统的正确地方。数字神经系统由数字过程组成，这些过程使得企业能够迅速感知其环境并做出反应、觉察竞争者的挑战和客户的需求，然后做出及时的反应。例如安达信咨询公司在全球有大约 2 万名咨询人员，他们分布在不同国家和不同地区，并参与不同的项目组进行工作。但是安达信公司通过莲花公司的 Notes 软件把这些咨询人员连接在一个它称为"知识交易所"的网络上。这个知识交易所拥有 2000 多个全天 24 小时开放的数据库，由咨询人员不断予以更新。

5. 新的组织形式与新的管理人员

当今企业中比较受人羡慕的个人发展前景和提升途径主要集中在经理、高级主管、董事长之类的位置上，因为无论从薪金、福利、支配他人意志和个人较少违心等各个方面，这些都是在企业界不能等闲视之的职务。但是**在未来知识型组织中，专家的心愿是在各自的领域有所建树和实现自我**。第二小提琴手的愿望可能是成为第一小提琴手，或者是被更有名的乐团高聘；大夫的希求可能是对于某个不治之症的突破和较高的医务技术威望等。对于这些专家，很难用乐团的团长、医院的院长等头衔来继续进行激励，因为到那时，这些位置的权利效应和社会效应都会有很大变化。当然，未来社会中如果仅仅有各专业的特殊系列职称，可能也会出现某些问题，因为这些特殊的职称毕竟缺少比较直接的社会可比性和通约性。

20 年以后，大企业的管理层次将比今天的企业减少一半以上，管理人员将不会超过今天的三分之一。未来的企业可能会很像医院、大学、交响乐团。这类组织中的信息主要是"病历"、"教材"、"乐谱"；组织协作所需要的是大量的专家，中间管理人员在这里往往是多余的。知识型组织中的"指令"基本上是专门技术，常常表现为 Email 之类的"电子脉冲"。**随着信息传输效率的提高，非技术人员和非生产性劳动将被淘汰和否定。**那时企业将和上述的交响乐队等一样，成为主要由专家组成的知识型的组织。这些专家从同事、顾客和总部获得系统的反馈信息，用以指导自己的工作。从某种意义上说，知识型组织很可能更像 100 年前的企业，而与今天的大公司大不相同。在当时的企业中，只有最高层的领导人才懂得经营业务。其余的人只是助手和劳力，不过是按照命令行事和重复相同的工作。但与过去企业不同的是，在知识型组织中懂得经营业务的人将主要是基层工作人员，这些专家各自从事不同的技术性工作，又由于技术经验的独占性而拥有很大的自主权。

三、企业发展进程中的组织整合

企业永远处在发展变化之中，在不同的发展阶段，呈现出不同的特点，对环境的适应力和回应方式也不相同，所以，必须在企业动态发展的不同阶段过程之中进行组织整合。

为了适应企业组织正在发生的、与时俱进的诸多变化，组织的构建与运行就不能再运用传统的方法，必须用整合的方法，在企业的动态发展过程中进行有效的组织整合，才能确保企业组织的高效运行。

1. 与组织整合相关的三种理论

这里介绍三种与组织整合相关的管理组织理论。

(1) 系统学派的管理组织理论

将伯塔朗菲（L. V. Bertallanffy）所开创的一般系统理论应用于企业管理，便产生了系统管理学派。这一学派的主要代表人物有卡斯特（F. E. Kast）、罗森茨韦克（J. E. Rosenzweig）、约翰逊（R. A. Johnson）、米勒（J. G. Miller）等人。虽然巴纳德、西蒙等人都已运用了系统论的观点，但系统管理学派的理论对于系统论的运用更为全面、完整，且形成独立体系。该学派的代表作是卡斯特与罗森茨韦克合著的《组织与管理——系统方法与权变方法》一书。

该书对组织理论有如下论述。

①研究组织必须采用系统论的方法。传统的组织理论运用了高度结构性的、封闭系统的方法，而系统学派则认为，现代组织理论的特点是它的概念分析基础、它对经验研究成果的依赖性，尤其是它的综合统一的性质。这些特点恰恰反映了其核心观点：**"研究组织的唯一有意义的方法是把组织看作系统来研究"**。

②把组织看作一个开放的社会技术系统。系统学派强调组织的开放性。对企业组织来说，它从外部环境接受人力、材料、资金和信息等投入，通过其内部的转换，形成产品、服务、社会效益等产出。企业组织是一种转换系统，它在与其环境的持续相互作用之中，达到一种稳定状态，即动态平衡的状态。没有这种与环境的持续相互作用，企业组织是不可能生存下来的。

③强调组织的整体系统观。组织不仅是环境超系统中的一个开放系统，组织的内部也可以看作是由几个主要的子系统所构成。

当情况如以下所描述时，则采用适应有机式组织形式为宜：

- 环境相对不稳定和不确定；
- 目标多样化并不断变化；
- 技术复杂，易变；
- 有许多非常规活动，需较强的创造能力与革新能力；
- 使用探索式决策过程，而协调和控制经常出现相互调整；
- 系统等级层次较少，具有较大的灵活性。

组织的目标和价值子系统是各子系统中较为重要的一个。组织的很多价值观来源于广泛的社会文化环境。作为整个环境系统中的一员，组织也必须达到某些由更为广泛的系统所决定的目标。社会效益即是典型一例。

技术子系统指完成组织的任务所需的知识、所运用的技术、所使用的设施与机械设备等。它不仅对社会心理子系统有影响，而且影响组织的结构。

社会心理子系统由相互作用的个人和群体所组成，它包括人力资源、个人看法、观念与动机、群体动力学、领导关系、信息交流与人际关系等。这一子系统不仅受外部环境力量的影响，受目标与价值观的影响，也受组织内部的任务、技术和结构的影响。我们可以用"组织氛围"一词来说明这些力量共同作用的结果。

结构子系统即组织中分工与协作的既定规范。正式的组织结构即可用组织图、职位与工作的说明、规划与程序等加以明确地表示，但须强调指出的是，确实存在一些相互作用和关系，特别如技术子系统和社会心理子系统之间的作用与关系，都是绕过正式结构的。

管理子系统使组织与其外部环境保持联系、制定目标、拟订全面的战略和经营计划、进行结构的设计并建立控制程序等。管理子系统是整个组织的中枢。

(2) 权变学派的管理组织理论

权变学派形成于20世纪70年代。其基本观点是，**不存在一成不变的、普遍适用的、"最好的"管理原则和方法，一切都要根据企业所处的外部环境和组织的内部条件而权宜应变**。权变学派十分注重从大量的实际事例中概括、归纳出几种基本模式，并致力于寻求造成这些模式差异的影响因素及相应的管理方法。

权变学派的代表人物较多，在管理组织方面，主要有汤姆·伯恩斯（Tom Burns）、琼·伍德沃德（Joan Woodward）、保罗·劳伦斯（Paul R. Lawrence）和杰伊·洛希（Jay W. Lorsch）等人。

权变学派在组织理论方面的主要观点与贡献如下。

①权变观点强调组织的多变量性，即与每一组织有关的条件的多变性与环境的特殊性。通过研究组织与其环境之间的相互关系和各子系统内及

各子系统之间的关系，才能够根据具体情况来设计与其相适应的组织结构。

②强调外部环境对组织结构设计的影响。权变学派认为企业的组织设计应当是开放式的，要求企业的组织机构不仅要有稳定性，而且要有对环境的适应性，要对环境的变化具有足够的敏感性，才能保证企业的生存与发展。

③对企业的分类，对影响因素的分析，将有助于我们提高正确进行组织管理活动的可能性。

（3）交易费用理论

现代交易费用理论与产权理论起源于美国经济学家罗纳德·科斯于1937年发表的一篇论文《企业的性质》。有趣的是，这篇如今被誉为经典之作的著名论文在发表之初却备受冷落，竟在被埋没了三四十年之后才受到广泛的重视。1960年，科斯又发表了另一篇具有奠基意义的杰作《社会成本问题》。其后，许多经济学家以科斯的理论为基础，逐渐形成了较为系统的交易费用理论。其中，有两位经济学家的两部著作具有突出的地位，即小艾尔弗雷德·钱德勒的《看得见的手——美国企业的管理革命》与奥立佛·威廉姆森1985年出版的《资本主义的经济制度》。

交易费用理论对于当代微观经济学的发展所产生的影响是极其深刻的，但立足于本书的主题，这里主要介绍有关的基本概念及该学说对现代企业组织理论与实践的影响。

第一，什么是交易费用？交易费用（Transaction Costs，也可译成交易成本）是一个含义广泛的概念，它"可以看作是一系列制度成本，包括信息成本、谈判成本、拟定和实施契约的成本、界定和控制产权的成本、监督管理的成本和制度结构变化的成本。简言之，包括一切不直接发生在物质生产过程中的成本"。与组织相关的概念是，**"所有的组织成本都是交易成本"**。

第二，以交易费用理论解释企业组织的存在。科斯在论文《企业的性质》里，试图回答这一带根本性的问题：企业组织为什么存在？现代市场经济的基本事实是，在"企业之外，价格变动决定生产，这是通过一系列市场交易来协调的。在企业之内，市场交易被取消，伴随着交易的复杂的市场结构被企业家所替代,企业家指挥生产"。从交易费用的观点出发,对上述问题的回答就是:"市场的运行是有成本的,通过形成一个组织,并允许某个权威(一个'企业家')来支配资源,就能节约某些市场运行成本。"因此,科斯认为,"企业的显著特征就是作为价格机制的替代物"。

科斯的理论被钱德勒以系统的历史材料加以验证。钱德勒还明确区分了"现代工商企业"和"传统企业",并以大量事实材料阐明了前者的出现和持续成长的原因。钱德勒说明,企业组织的协调替代市场机制的协调,是因为前者在相应场合下能带来更高的效率;这种较高效率的产生与经济活动的较大规模和现代企业内部管理层级制的形成相联系,而这种层级制一旦形成,就会变成"持久性的权力和持续成长的源泉"。

第三,企业规模的确定与企业有效边界。企业内部的协调机制可以替代市场的协调机制,但这种替代显然不可能是无限制的,它事实上取决于两种协调机制所需交易成本的比较。从理论上说,**"企业规模的界限应该定在其运行范围扩展到企业内部组织附加交易的费用等于通过市场或在其他企业中进行同样交易的费用的那一点上"**。

2. 企业发展不同阶段的组织整合

企业在不同的发展阶段,具有不同的实力,对环境的适应力和回应方式都不尽相同。实力弱、规模小的企业受环境影响波动较大,必须适应环境随时变化,体现出灵活迅捷的回应方式。实力强、规模大的企业一向都设有多层组织机构,对环境变化的适应相对较慢,内核比较稳定,但是它抗环境变化的力量很强,实力超强的组织甚至可以运用其经济、团队或技术上的力量,人为改变局部环境,使其对本组织有利。**因而,在不同的发展阶段,企业的组织设计必然不同**。组织生命周期理论指出,组织在其生命周期中分为创业阶段、发展阶段、规范化阶段、成熟阶段和衰退期五个阶段,各种阶段中组织的战略性人物和组织效益衡量模式也各不相同。

(1) 创业阶段的组织整合

在组织的创业阶段,革新、创造和开拓资源是极为重要的,因而,获得内外有关方面的支持是极为关键的。同时,对组织的灵活性要求也就被提出了。此时营销组织规模极小，有时甚至由企业家自身承担，寻找合适的产品和有发展前途的市场是其主要任务，组织采用开放系统模式。战略性人物是银行家、风险投资家、资产租赁代理人。这时候的组织整合的任务不大，企业管理者的主要任务是根据企业的目标拟定合适的组织结构，且在大部分情况下是增加机构而非裁减机构。即使有组织整合的问题也只是从企业战略目标出发，依据企业系统原理，力争使组织机构的设置更符合企业的整体利益和长远利益。

(2) 发展阶段的组织整合

组织进入发展阶段时，战略人物包括工会和员工，管理部门需要在组织内营造一种民主合作气氛，同时培养员工高度的责任感。**此时企业组织结构规模不大，员工间分工也不很明确，团队合作工作是首要的。**而且此时的团队正是生气勃勃的团队，整合任务开始显现，但也不是十分突出。其组织整合的主要目的是使一致往前冲的团队之间不要产生冲突，从而增强团队的合力。

(3) 规范阶段的组织整合

在组织的规范化阶段，秩序和效率对组织极为重要。组织开始走向成熟，员工、股东、供应商、顾客等战略性人物都从组织稳定性和生产力角度来评价组织。为此，这时的组织应采用内部过渡模式和理性目标方式。这一阶段，企业管理部门的实力会得到大大加强，并通过职能分工提高工作效率。企业组织内部的分工已是比较明确，**此时组织整合的目的开始向企业更长远的利益倾斜，整合的任务开始加重。**

(4) 成熟阶段的组织整合

在组织的成熟阶段，重点放在对外部环境的跟踪上。这个阶段的战略性人物比较强调组织的弹性、获得资源的能力和企业组织的增长率方面。此时企业组织将以产品或市场为依据进行分组，以消除信息和决策在官僚机构中的延滞，寻求弹性而获得收益。为了避免企业因成熟而带来的惰性，企业组织整合的运作开始频繁与加快。如果组织整合很成功，企业有可能重新焕发生机；如果组织整合不太成功，企业的暮气将日重一日。如果组织整合失败，可能将导致以打碎旧有体制为目标的组织重组。

(5) 衰退期的组织整合

当组织进入衰退期，组织战略人物与组织创业期很相似，他们关心的是组织的创新能力和获得资源的能力。此时企业首脑机关的大部分职能可能和组织其他职能部门一样下放到各独立的事业部门，通过各事业部的开拓创新恢复组织活力。组织生命周期最后两个阶段的组织模式和创业阶段类似，都是开放模式。**企业组织进入衰退期，不是说整个企业将就此完结，而是说可以通过组织整合直至重组使企业重新焕发生机。**国际上许多著名企业，特别是百年以上企业的实践都证明了这一点。他们都是在企业将要进入衰退期时采取整合措施，将企业拉回到新的生长发展期。

四、利用企业内部市场进行企业组织整合

利用企业内部市场进行企业组织整合，不再将企业组织中的各个单位都视作自己的"分部"、"部门"，而是在保留核心部门的情况下，把非核心部门划出去赋予市场主体化的地位——内部企业。

内部市场概念超越了传统的组织结构。与僵硬的组织结构相比，内部市场组织可使企业发生类似外部市场那样的快速而连续的结构变化。

1. 企业内部市场组织的优势

内部市场是实现企业组织彻底扁平化的根本途径。在实施过程中，内部市场组织当然也会产生类似于外部市场的一些问题，如复杂而充满风险的工作关系，不确定性等，但是从总体上讲，内部市场仍有很强的吸引力。

人们通常认为，由于各企业单位有不同的目标、并互相为资源而竞争，因此采用市场的做法必然会引起矛盾和冲突，而实际情况却是，市场体系反而能更好地解决现有的大量的矛盾和冲突。德鲁克注意到，**企业内部的竞争比外部（企业间）的更加激烈**。但是在市场交易中，交易双方的关系已有明确的规定，完全是自愿的可选择的。相比之下，等级制度往往

充满着不信任以及信息误导、过滤,决定也往往是权威强加的,如果还有什么选择的话,其余地也是极小的。所以,内部市场可为良好的工作关系提供合情合理的基础,可用对各方都更为有利的公开协议来取代办公室的政治权术。

另外,**内部市场概念提供了一种管理复杂事物的可行办法**。人们对战略性计划已不抱幻想,因为任何由中央协调的计划只能产生更多的官僚主义,而不能给企业带来实际的变化,而市场体系的组织行为往往超越计划。一个内部市场里的各个单位,就像生命体里的细胞一样,可根据自己的感觉或判断来经营自己的企业,承担全部收益与成本,而不必再由高级经理来做业务状况的预测或由他们来决定企业向哪个方向发展,组织结构上的自由将会释放出巨大的创造力,这是企业创新的必要前提。

2. 企业内部市场的运作条件

内部市场体系的有效运作依赖于一定的条件。在企业内部市场组织中,高层战略管理团队以及协调参谋人员的主要任务就是协助事业单位组建核心团队,在这个过程中,他们不能再用原来的指挥命令系统来管理企业,而是通过设计和调节企业的经济基础来实施管理,就好比政府管理国家经济那样,设立财会、通信、经济激励、管理政策以及企业文化等方面的共同系统。除了设计组织系统外,企业的高层战略管理团队还必须努力使企业成为齐心协力的团体。他们在形式上也许会放弃许多指挥权力,但他们通过承担责任、促进合作来实施领导,没有这一点作保证,内部市场将可能是一个混乱的市场。

3. 企业内部市场的运作思路与方法

(1) 内部市场运作的基本思路

内部市场的思路是,不再将原企业组织中的各个单位都视作自己的"分部"、"部门"或其他带有等级概念的名称,而是在保留核心部门的情况下,将非核心部门外部化出去。这些非核心部门也许是生产、管理、营销、R&D或其他单位,于是就赋予这些部门新的概念——内部企业。这些内部企业实际上成为核心部门的外部资源供给中心。它们相互之间的关系，不是以前的命令与控制关系，而是契约关系。外部资源供给中心在向核心部门提供服务或产品时，还可向组织以外的厂商提供服务或产品。这样一来各个单位都会对组织效益负责，而且有创造性的企业精神精也得到了鼓励。

(2) 建立外部资源供给中心

企业组织中的任何一个部门都有可能归入外部资源供给中心，如组织中的辅助单位、生产制造部门、信息部门、R&D 部门、营销机构，甚至总经理办公室等。比如对组织中的辅助单位来说，可将其改变为"内部咨询公司"，作为利润中心向企业内外的客户提供服务；生产制造部门经过改造后可为企业内外的客户生产产品，此时生产制造已变成了一项服务功能；对于信息系统而言，在市场模式下不再像过去那样由信息部门将其强加给用户。在信息系统被改造成利润中心后，信息部门除了能向原来的部门提供有效的服务外，还能从外部客户那里获利；R&D 部门同样可以改成利润中心，让其向企业的生产单位和企业外的客户提供有偿服务，研究工作不再依赖最高权力层颇有争议的资源配置，从事研究的价值将由利润中心的经理们根据研究项目的经济效益而定；同样，企业的营销机构也可以由外部化为利润中心，它可以像普遍经销商一样来完成企业在某一地区的所有产品的销售工作，同时向其他企业提供营销服务。总之，**指导内部市场的原则就是一切市场功能都可以在组织内部被重塑出来。**

(3) 建立核心团队

核心团队是企业组织效率的关键，它由企业的核心部门及其人员构成，直接面向顾客。核心团队的成分因企业的具体情况而异，一般地说能够形成企业的核心能力、资产专用性较强的部门及人员是核心团队的主要成分。例如，有的企业生产工艺技术有特色，有的企业营销力量强大，而有的企业 R&D 力量雄厚，那么，其核心团队的构成是不同的，可分别围绕生产、营销、R&D 来组建核心团队，而将与服务顾客有关的其他部门改造为外部资源供给中心的成员。

第三章
人力资源整合：盘活智财，人尽其才

从管理学上认识，人力资源是一个群体的集合概念，是企业最重要的发展资源和最核心的生存基础。人力资源整合，就是将企业中各种人力资源以及他们的特长有机地组合起来，为实现企业的目标而共同奋斗。人力资源整合有许多途径，无论是从产权角度还是从结构角度整合，都是为了实现企业人力资源的黄金组合，发挥人力资源群体优势，提高人力资源的整体功能，使企业管理和人力资源优势的效能达到最佳。现代管理科学中对人力资源的管理，始终将人力资源整合作为发展企业核心竞争力的首选。

一、人力资源与人力资源整合

人力资源，是蕴藏在人类机体中知识和技能在形成与作用的过程中能力资本化的结果。在经济起飞的时代，人力资源绝对是经济增长的主体力量。

1. 人力资源的含义与重要价值

研究人力资源，首先必须明确人力资源的含义。目前学术界对人力资源概念的认识不尽相同。

本书将人力资源概念界定为：人力资源是指全部人口中具有劳动能力的人，简称劳动力资源。人力资源的概念有狭义与广义之分。狭义的人力资源是指具有劳动能力的劳动适龄人口；广义的人力资源是指劳动适龄人口再加上超过劳动年龄仍有劳动能力的那部分人口。

在这里，人力资源主要强调人具有劳动能力。因此，它超过了劳动力的范围，即只要具有劳动的能力，即使是潜在的、未进入法定劳动年龄或超出法定劳动年龄的人们，都属于人力资源。如果考虑到潜在的或未来的人力资源，这个范围还要广泛，因此，可以说，从全部人口中剔除已经丧失劳动能力的全部人口，都属于人力资源。

纵观世界各国乃至各地区、各企业的发展，几乎都有个共同点，即把社会、科技和经济发展的依据放在人力资源这个支撑点上。**知识经济正在崛起，并将逐渐取代工业经济，其战略资源已不再是土地资源或材料、能源等物质资源，而是人力资源。**国家间的竞争、地区间的竞争乃至企业间的竞争，归根到底是人才的竞争。

人才是第一资源，是科技进步和社会经济发展最重要的资源和主要推动力。

人力资源开发已被置于各国综合国力竞争的战略位置。在科学技术特别是高科技激烈竞争的今天，哪个国家、地区、企业吸收并聚集了优秀人才，掌握了科技优势，特别是前瞻性高科技优势，那它就会取得主动权，就会在激烈的科技和经济竞争中立于不败之地。正因为如此，一些发达国家为了争夺高科技及其产业的制高点，纷纷制定跨世纪的教育和人力资源开发战略规划，不但大幅度增加教育和科研投资培养年轻人才，而且还采取措施在世界各地争夺高素质人才，甚至通过修改移民法、放宽技术移民限制等方式，加快争夺其他国家的优秀人才。他们在制定加速人才培养和吸收优秀人才政策的同时，竞相集中大量资金，用于改善交通，美化环境，强化治安，全面提高生活质量，改善各类人才的工作、生活条件，创造开放、流动、竞争、协作的环境以便能吸引、集聚人才，这就有利于人才成长并为人才施展才能创造了良好的环境和机制，使各类人力资源得以充分利用和实现最佳配置。

21世纪是知识经济时代，是全球经济一体化的时代，是高新技术的时代。人力资源是知识经济时代的第一资源，是企业生存和发展的必备资源。**猎取这一稀缺的第一资源，是企业发展的当务之急。**

2. 人力资源整合及其原理

何谓人力资源整合？人力资源整合就是通过测试、评估、培训等一系列手段，对现存的人力资源进行结构性的优化、重组以挖掘其潜能的系统工程。

如今，"人力资源是第一资源"的理念已得到了企业家的广泛的认同，在此基础上提出"人力资源整合理论"是一个新的课题，它为人力资源问题提供了一个新的解决方案。**人力资源整合的对象是"人"，主要内容有两大方面。**

首先是人力资源开发。人力资源所包括的内容非常广泛，概括地说，就是要科学合理、充分自由地发展和利用人力资源，通过投资、培训、使用、激励等一系列手段对人力资源进行规划、组织、指导，目的在于使人尽其才，人尽其能，让"每个人"和"一切人"都能充分地、自由地发展。

其次是人力资源调配。它所要着重解决的问题是人力资源科学的、合理的配置。通过实践和案例分析，一个成功的企业并不要求每一个个体都必须是全才，但是通过制度的整合，文化的整合，结构的优化，每一个个体都能发挥自己最大的能量，通过知识的共享、技能的共享、经验的共享来达到这一目的。

人力资源整合必须体现如下原理。

一是整体性原理。整体性原理是指系统要素之间相互关系及要素与系统之间的关系以整体为主进行协调，局部服从整体。实际上就是从整体着眼，从部分着手，统筹考虑，各方协调，达到整体的最优化。

二是人本原理，即以人为中心的管理思想。它包括以下几点：①职工是企业的主体；②有效管理的关键是职工的参与；③现代管理的核心是使人性得到最完美的发展；④管理是为人服务的。尊重人、依靠人、发展人、为了人，是人本原理管理思想的基本内容和特点。

三是责任原理。管理是追求效益的过程。在这个过程中，要挖掘人的潜能，就必须在合理分工的基础上明确规定这些部门和个人必须完成的工作任务和必须承担的与此相应的责任。

四是效益原理。效益是管理的永恒主题，任何组织的管理都是为了获得某种效益，效益的高低直接影响着组织的生存与发展。因此，效益是人力资源整合的根本目的。人力资源整合就是对效益的不断追求。

3. 人力资源整合在成功企业的实践

人力资源整合不仅在理论上具有可行性，在实践层面也有很多成功的例子。众所周知，摩托罗拉是一家全球性电信公司，该公司副总裁格林·托克尔精辟地指出："我们的原则是使用各国的优秀人才，对优秀人才保持尊敬并予以权限，唯有尊敬和授权，才会让人有担起责任的使命感，然后才谈得上创造出好的成绩。"摩托罗拉多年来就是秉承了这一项原则才得以使其事业不断发展与壮大。摩托罗拉公司的每个员工，都把自己当作公司大家庭中的一员，彼此间以诚相待，相互信任，并把这种气氛渗透到工作的各个环节中去。

在美国，从 20 世纪 80 年代开始，就出现了面向人、重视人、以人为核心的"管理文化"新潮流。

当记者采访美国百事可乐公司总裁韦恩·卡洛韦，向他问起公司的成功经验时，卡洛韦最常谈起的是他所谓的"三字经"："人，人，人"。

卡洛韦每年要花两个月的时间亲自过问他属下的 550 名人员的工作情

况，与他们的上级以及人事部门商讨他们的事情。他对550名管理人员中的大多数人都了如指掌，把自己40%的时间花在人的问题上。百事可乐公司奉行的是优胜劣汰的达尔文主义体制，老板至少每年一次与他的属下共同评价他们的工作。如果这位属下不够标准，老板也许会再给他一段时间以观后效。如果已达到公司要求，老板就会在第二年习惯性地提高要求。该公司还有一个反馈计划，即老板也要接受下属的评议，各级管理人员必须经常反躬自省，否则不会得到好的评语。经过评议，公司的管理人员被分成四类，最低的将被淘汰，最高的理所当然得到晋升，中间的一类是需要在现有岗位上多工作一段时间，或者需要接受专门培训。另一种是可以晋升但目前尚难安排工作岗位的人。

在美国的软饮料市场中，可口可乐公司是最老的一家，当年可口可乐曾随着美国参加第二次世界大战的军队传播到世界的各个角落。百事可乐虽然资格没有可口可乐老，但由于该公司一再强调"人，人，人"的"三字经"，重视和强调人才的价值，以致呈现出后来居上的趋势，超过了它的老对手可口可乐公司。

由上可见，**在知识经济时代，人力资源的开发与整合已成为企业发展的内在推动力。**

二、人力资源的科学配置

1. 人力资源科学配置的含义

人力资源的配置，是根据经济和社会发展的客观要求，科学合理地分配人力资源，使其实现与生产资料的合理结合，充分发挥人力资源作用的过程。**人力资源的配置，可以划分为人力资源的宏观配置与微观配置两个不同的层次。**

人力资源的宏观配置，是指一个国家把全部人力资源按社会经济发展的客观要求，通过一定的方式分配到各地区、各部门的过程。人力资源宏观配置的客观依据是：第一，各地区、各部门经济发展的客观需要，是人力资源配置的基本依据。一个国家的各个地区和各个部门之间的经济发展，往往是不平衡的，人力资源的分布，应力求和经济发展的水平相适应，和产业结构相适应。第二，自然资源的分布情况，是宏观人力资源配置的重要依据。在一个国家范围内，各地区的自然资源分布，是一个不以人的意志为转移的客观存在。现代科学，无法改变自然资源分布的格局，因此只能按照自然资源分布的客观要求，去分配人力资源。第三，社会文化发展的客观要求也是人力资源配置的重要依据。一个国家，不仅经济发展具有不平衡的现象存在，连社会文化的发展也是不平衡的。这是由于经济、政治、地理和历史的原因，各国都形成了一些中心城市，这些城市往往是设施先进，文化教育、科学研究机构比较集中，工业、商业、交通运输发达，因而人力资源分布密集，人力资源质量也很高。而中小城市和农村，社会文化发展水平较低，人力资源不太密集，人力资源的质量也相对较低。

人力资源的微观配置，是指一个企业、一个单位如何科学地把人力资源分配到各个部门、各个岗位的问题。任何一个组织都要追求组织效率。组织效率决定于各个部门的效率，而部门的效率又决定于每个岗位的劳动者的个人效率及各岗位是否主动、合理、科学地协作。组织内部人力资源配置，其最终目的是提高组织效率。

2. 人力资源科学配置的途径

从人力资源的状态来划分，**人力资源的配置可以分为两个层次：一是存量配置，一是增量配置**。存量配置是指已有人力资源的配置，主要指已就业人员的重新配置；增量配置是指对新增人力资源的配置，主要指新就业人员的配置。无论是存量配置，还是增量配置，都可以通过以下途径来进行。

(1) 计划配置

计划配置是指根据国民经济发展规划，通过各级计划，将人力资源有组织地配置到各级工作岗位的一种手段。它分两种情况：一种是在业人员通过经济发展规划安排，有计划、有组织地调配，它是直接构成存量配置的内容之一，无论是地区、部门还是行业、职业都可以采取这种途径；另一种是求业人员，按照国民经济计划的安排，进入某种重要行业、职业岗位，这种类型的大多数是在其原居住地区就业，也有一些到其他地区就业，可称为"计划就业"途径。

计划配置曾经是我国传统计划经济体制下唯一的人力资源配置方式，也曾对我国人力资源运营起到过重要的作用。这主要由于计划配置作为一种配置资源的方式有其独特的优势，这些优势概括起来有三个方面：一是配置速度快；二是配置成本低；三是有助于宏观人力资源的配置。但是，随着市场经济的发展，计划配置已越来越不适应经济的发展，其自身的缺陷使它成为经济进一步发展的障碍。

在社会主义市场经济中进行人力资源配置，不仅要克服计划配置的缺陷，充分发挥市场的配置功能，而且还要发挥计划配置的优势。这就要求我们的计划必须是建立在市场基础上的计划，充分重视人力资源载体——人的选择，充分遵循价值规律。同时，我们要对计划与市场进行分工，计划配置主要着眼于宏观人力资源的配置，市场配置着眼于微观人力资源配置，只有二者结合，才能保证人力资源配置的效率最大化。

（2）自动配置

具有劳动能力而又要求就业的求业人员自行就业和在业人员受诸种因素的影响而自发流动的过程，称为人力资源的自动配置。自动配置是人力资源能动性的充分表现，它是人力资源供给方自主地寻求实现自身价值最大化的一种方式。从本质上讲，自动配置是一种市场行为，它通常起因于相对利益的比较，如农村的过剩劳动力大量进入城市就业，就是出于城市与农村的比较利益。因此，从广义的市场角度看，自动配置属市场配置。

由于自动配置发端于比较利益，因而**在通常情况下，自动配置会带来较好的微观和宏观经济效益**。当然，自动配置有一定的负效用，当通过自动配置实现人力资源配置的规模过大、过于频繁时，将会带来巨大的负效用。

（3）市场配置

以市场为基础配置人力资源，使现实经济生活中人力资源与物质资本相结合的方式或途径叫市场配置。它既是社会化大生产和市场经济发展的必然结果,又是社会化大生产和市场经济发展的前提条件。

市场配置是社会主义市场经济中人力资源配置的主要方式。市场配置有广义和狭义之分。广义的市场配置指供需双方通过谈判实现人力资源配置,它无须固定的场所,只要存在着买卖关系即可,自动配置就是一种典型的广义市场配置。狭义市场配置指通过劳动力市场来完成的人力资源的配置。通常,人力资源的配置要由中间机构进行协调、管理与监督,以确保人力资源供给方的权益和劳动雇佣合同的有效性。广义的市场配置通常包括狭义的市场配置,只不过前者还包括自发的,无组织的人力资源配置,劳动力市场配置则更为规范化。

市场配置与计划配置相比较有许多优势。首先,市场配置是建立在自愿基础上进行的,它充分尊重当事人的意愿,尤其是人力资源供给方的意愿。其次,市场配置成本低、速度快,只要供需双方满意,即可签订协议,完成人力资源配置,无须复杂的手续。最后,市场配置效率高。由于市场配置由供需双方谈判而成,因而,双方可以进行信息沟通,真正达到将合适的人配置到合适的岗位的目标。而计划配置由于信息的不完备,往往出现专业不对口等人力资源配置的扭曲现象。

3. 加快人力资源配置的市场化

在人力资源配置中不断加大市场机制的作用,是现代市场经济发展的必然要求。在人力资源配置过程中,面对数以亿计的人力资源和数以千万计的用人部门和单位,要达到对人力资源的全面合理配置,确是一项错综复杂的庞大社会工程。历史上曾有不少国家企图以高度集权的管理体制来完成这项工程,但效果并不理想。随着社会的发展,已有越来越多的人认识到,在人力资源的配置上必须引入和发挥市场机制的作用。事实表明,与高度集权的劳动人事管理体制相比,人力资源市场机制是最节约、最有效的人力资源配置方式。诚然,市场机制本身也存在着一定的局限性,特别是发展中国家常常存在着市场发育不完全的问题。因此,单凭市场调节来解决人力资源配置问题,其效果确有不尽如人意的地方,这就需要政府的计划调节来弥补这些不足。尽管如此,市场机制作为人力资源配置的一种最主要形式，是必须坚持和发展的。

市场机制在人力资源配置方面所起的作用，主要是通过价格机制、竞争机制等反映价值规律的内在环节的有效运行来实现的。其中，价格机制不但是调节人力资源所在地区、部门和岗位之间合理配置的强有力的经济杠杆，也是激励劳动者不断提高自身素质，以适应生产力发展需要的有效手段。而竞争机制则是调节人力资源再生产和择业行为的重要手段，它有利于将人力资源市场上各种自发的、不合理的、盲目的倾向引向积极的方面，促使劳动者按照社会经济发展需要不断努力提高素质，以增强个人竞争实力。而对企业而言，则可以促使其不断注意塑造良好的企业形象，努力提高企业的整体水平，合理使用人力资源，增强对高素质人力资源的吸引力，避免企业在竞争中处于劣势。因此，竞争机制无论是对劳动者，还是对用人单位的发展都起积极的促进作用。

人力资源配置的市场化有利于保证社会的整体人力资源达到供求平衡。因为在社会经济发展过程中，人力资源供求平衡只是相对的。劳动力的再生产和物质资料的再生产的随时变化，使得由它们所决定的人力资源供求关系也必然不断发生变化，从而使得人力资源供求呈现平衡与不平衡相互交替发展的运动形式。这种动态关系的转换是通过人力资源市场的无数次交换行为和依靠劳动力价格的波动来进行调节的。人力资源市场机制所内含的价值规律作用使人力资源在部门、地区、企业与岗位之间的配置和供求关系可以较好地趋于平衡。人力资源配置的市场化可使人力资源配置达到最佳状态。如果以社会总产值来表示，则社会整体人力资源的最佳配置就意味着社会上任何一个劳动者的再流动，已不能使整个社会的产值上升，而只能使之下降。如果人力资源的流动还可以再增加总产值，那么就说明人力资源的最佳配置尚未达到。因此，凡是可以增加社会总产值的人力资源流动，都是有助于人力资源最佳配置的最终实现的，都是属于合理的流动。

4. 按照互补原则进行人力资源配置

人的能力不仅有高低之分，而且由于个人生理、心理条件不同，所受教育培训的程度和内容也不同，各人的知识、专长、性格也不一样，即具有质的差异。因此，在人力资源配置中，遵循互补的原则，就是要把具有不同技术特点、心理素质、生理素质的人科学地组合在一起，具体来讲就是**通过专业互补、知识互补、智能互补、年龄互补、生理心理素质的互补来达到群体结构的合理化**。

(1) 专业互补

所谓专业互补是指一个系统内各专业人员应有一个合理的比例关系。由于科学技术的进步，知识的迅速更新，使得生产工艺越来越复杂，学科越分越细，所以不可能用一种专业完成一项较复杂的生产工艺；同时，任何一个人，都不可能掌握各种知识，精通各种专业。这就需要将不同的专业人员按一定比例合理配置，形成一个互补的专业结构。

(2) 知识互补

所谓知识互补是指一个系统内各种不同知识或不同知识水平的人的合理组合。人的知识不可能处在同一水平线上，总是有高、低、深、浅、多、少之分。因此，在一个系统中，不同知识或不同知识水平的人，就有一个合理组合的问题。通常情况下，合理的群体知识结构应表现为不同知识水平的人员按高、中、低三个层次呈梯形分布。

(3) 智能互补

所谓智能互补，是指一个系统内各种不同智能类型的人的有机组合。人的智能，有各种各样的表现形式，如开拓型、创造型、组织型、实干型等，将不同智能类型的人合理地组合在一起，才能发挥出群体智能水平。

(4) 年龄互补

所谓年龄互补是指一个系统内应由不同年龄的人按一定比例组合。合理的年龄结构应表现为老中青三结合的有机整体。

(5) 生理心理素质互补

所谓生理心理素质互补是指一个系统内应由不同体质、性格、气质和志趣的人按一定比例构成，从而使个体之间相互协调，发挥更大的群体效能。

由此可见，坚持互补原则，合理地将不同专业、知识、智能、年龄、性格、气质、志趣的人组合在一起，彼此取长补短，形成一个群体的"全才"，才能发挥出群体结构的最佳效能。

5. 注重个体素质与岗位要求相对应

个体素质是指个人的年龄、体质、性别、性格、气质、智能、专业技术等状况。个体素质不仅与岗位工作要求之间有密切的关系，而且同构成个体素质的各要素之间也存在着一定的制约关系。据有关研究和实践证明，人的年龄与体力、能力的关系表现为从某一年龄段体力、能力开始递增，然后趋向平缓，最后又显著下降的过程。从岗位工作来看，一些特殊工种对人员的年龄、体力、性别都有特定的要求，超过一定年龄，其体力就不能适应工作的要求了。不仅如此，人与岗位是否相适，还取决于个体的性格、气质、兴趣、能力、专业是否与岗位要求相符合。几乎每一种职业岗位都对从业者的性格、气质提出特定的要求。性格、气质适合从事某一职业岗位，并且感兴趣，具备该岗位所需要的能力、专业知识，那么，就实现了人与岗位的最佳结合，从而为充分发挥个体能力打下了基础。

要实现人与岗位的最佳结合，不仅要全面分析测定个体的素质状况和研究岗位要求，而且必须有人员能上能下、能进能出、自由流动的配套制度。这是坚持人与岗位相对应原则的基本环境。

三、加强人力资源异动管理

任何企业的人员都处在流动之中，所以，加强人力资源异动管理，既是时代经济运行发展的需要，也是企业自身发展的需要。人力资源异动的重要形式是员工流入、流出、升降职（级）、调动、辞退、资遣及停薪留职等，它能使企业人力资源处于合理的调整与控制之中，从而使人力资源提高素质，优化组合，发挥出整体效能。**通过对人力资源异动制度的思考和设计，能够有效地提高人力资源管理的实际操作水平，从而达到科学合理地运用人力资源的目的。**

1. 异动管理有利于人才流动与企业自身发展

所谓人力资源异动管理，就是指企业组织根据一定的规格，对企业中的人员进行外部交流、内部流动以及晋升、降职、停薪留职、辞职、辞退和资遣管理等一系列过程的管理活动。实行人力资源异动管理，是有效地管理人力资源的重要内容之一，它既是提高企业人力资源管理推动企业持续、健康、快速发展的需要，也是当今知识经济时代人力资源竞争的需要。因此无论从客观上还是微观上来说，都具有十分重要的作用。

一般而言，人力资源异动管理的作用主要表现在以下几个方面。

①通过实行人员流入、流出的管理，既可以使企业需要的人才能及时地从外部引入到内部，也可以使素质低下、不适合企业工作的"多余"人员"淘汰"出去，从而使人力资源始终保持生机和活力，实现人力资源的优化组合。

②加强对企业人员内部流动的管理，可以提高和完善人员使用的科学性和合理性，保证企业内部的各部门之间人员供给与需求的平衡，有助于用人之所长，使人事相宜，调动员工的工作积极性和创造性，推动企业健康发展。

③通过晋升管理，可以激发员工的工作热情和崇高的责任感，更好地发挥其聪明才智，为企业发展贡献力量。而这一点正是实现企业战略目标的关键要素之所在。

④实行降职管理，可以及时地纠正和消除因责任心懈怠、工作松散、管理不力而导致的种种负面影响，从而达到警戒他人的目的。

⑤做好辞职、辞退和资遣管理工作，对于保证企业"吐故纳新"，始终保持新鲜血液从而持续健康地发展有着重要的意义。它既可以使有关人员趋于心理的满足，也可以树立良好的企业形象。总之，实行人力资源异动管理，对于促进企业的健康发展，推动企业目标的实现是有重大作用的。

但鉴于中国的特殊国情，对于人事的处理要审慎。对于个别表现较差、达不到本岗位要求的员工，不是直接解聘了事，而是先进行下岗培训，尽可能使之回到工作岗位或调换到其他工作岗位上。但对于问题确实严重、不适合在企业工作的员工，要坚决依照劳动合同予以辞退。辞退前要认真填写过失单，写明过失经过、处理标准和见证人等，并经过本人同意，使被辞退者心服口服。对于被辞退者离开企业后重新寻找工作，企业人事部门在可能的情况下要给予必要的帮助，以联络感情，避免不必要的麻烦。对于到年龄退休的员工，要根据国家劳动法，妥善安排退休事宜。

2. 人力资源异动管理的原则

人力资源异动管理活动，有其内在的规律性，应遵循以下组织原则。

（1）制度化原则

运动是任何组织的一个本质属性，那么，作为企业组织，也应顺应并积极主动地按照这一规律的要求，设计好自己的组织运动制度。**将组织运动制度化，是有效地避免人为地破坏这一规律的基本保证**。作为组织运动的制度，应该包括企业自身目标的优化制度与机制以及人员随着目标不断进行优化的制度等等。

（2）竞争性原则

在企业组织的人员运动中，应该从制度的角度保证运动是按照竞争性的原则进行的。当运动是在缺乏制度保证而在管理人员的行政性命令下进行时，运动就可能损害企业的利益。只有公开、公平的竞争，才可能使得企业中的优秀成员得以脱颖而出，才会在企业中形成人人争先进、人人求进步的局面，企业的人员也才会有真正的压力与活力。

（3）优化性原则

企业组织运动的目的是要实现企业各种自愿的有效组合与配置，通过正常的运动，使得高素质人员在企业中不断上升，低素质人员不断下降，甚至最终被企业淘汰，从而达到企业中的岗位与人员及其工作效率与质量不断优化的目的。科学的企业组织运动不是简单地调整人员，而是按照科学的规律来实现积极性的激发、责任心的加强、工作效率的提高和工作质量的不断优化。同时，也在这一运动过程中实现企业人员自身素质的不断提高和优化。

(4) 协同性原则

企业组织的运动是与企业的战略和目标紧密联系在一起的。组织的运动应该在企业发展战略的指导下完成企业增容和人员的输出,而不是简单地提倡吸引人才而又缺乏人才施展才能的机会;也不是简单的裁员,而是造成一种人员与岗位协同的气氛,从而激发人员增长才干,提高素质。当企业目标在新的阶段得到优化之后,人员的优化就应按照新的企业目标的要求进行,而不是人为地盲目提高人员素质。协同性是组织运动效益的关键,如果发生不协同现象,即使在表面上看通过运动组织人员得到了优化,但是,企业的效益并不一定增加,相反,还可能由于组织要素的优化,导致计划原有目标下的各种矛盾对企业产生破坏性作用。

(5) 全方位原则

组织运动是针对企业整体的,不是针对某一方面或者某些人而言的。其范畴包括以下一些方面:①针对全体人员,包括管理人员与普通员工;②包括人员的进入,也包括人员的流出。

3. 做好企业与外部的人力资源交流

企业为了保持其生机与活力,必须不断地从外界环境中吸收"新鲜血液",同时排除组织内的不合适的分子。因为长期的封闭保守必然会造成组织老化,结构涣散。企业与外部的交流主要包括流入与流出两个方面。

(1) 外部人员的流入

外部人员的流入,是指企业依照一定的管理程序,将所需要的外部人员引入到企业之中的管理活动。它包含着两方面的内容。

①组织化程序。外部人员向组织内的流入是企业人力资源异动工作的第一关。流入人员的数量、素质及适应性直接影响到整个企业人员运作的顺畅与否。外来的人员有些具有丰富的知识、经验,组织应加以充分利用。但同时他们也往往带有一些不能为组织所接受的特性,如管理人员在其原组织中形成的不良作风、服务人员不规范的服务流程等。如果任这些特性随员工进入本企业,无疑会破坏组织的完整性,给管理工作带来不良

影响。因此，在外部人员流入企业内部时必须进行"组织化"。

所谓组织化，即由组织前的角色向组织中特定角色转化的过程，是消除原来组织对员工的不良影响，保证组织程序健全的必要步骤。经过组织化，可以使员工完全融入本企业之中，对企业有一种"归属"的心理，觉得整个企业是他自己的，而自己也是企业中不可缺少的部分，这就会大大增加员工对企业的忠诚度，降低非正常流动的可能性。同时，可以提高新进员工的素质，保证流入人员的质量，为企业健康运作提供良好的基础。

②特殊管理。虽然理论上设计了科学的流入渠道，但是，现实生活中总难免有一些员工是借社会关系流入组织的。这些特殊员工在素质、技能等方面都可能有不尽如人意之处，加之他们背后的社会关系的影响，如果放任自流，很容易成为企业内的异类分子，造成对企业的伤害。因此在组织化过程中，应设立对特殊员工进行特殊管理的方法。

做好特殊员工的特殊管理，有利于帮助这些人正确地认识自己，对待自己，消除傲慢的心理，从而使他们积极努力，认真学习，竭尽全力地为企业服务，这是企业积极利用人力资源，促进企业发展的重要所在。对待特殊员工，只要加强管理、正确引导，他们很快就会成为合格员工，甚至成为优秀员工，并能给企业带来特殊效益。可以说，特殊员工的管理是目前企业流入渠道管理中不可缺少的必要一环。

(2) 内部人员的流出

内部人员的流出是指企业组织依据人员使用的表现情况，将企业中的部分人员输出企业的管理活动。它包括两层含义：一是将不适合于企业组织的异类分子，按照一定的法律程序去除于组织之外；二是在输出不合格员工的同时，还存在着另一种人才输出，即人才外派。

新陈代谢的不断进行才能保证组织的活力和平衡。企业在从外界吸收能量的同时，也必须合理输出。但同时，也要很好地发挥屏障作用，防止不必要的人才流失。

①合理输出。组织化虽然在一定程度上保证了流入人员的素质，但难免有"沙子逃过了过滤器"现象的发生，同时有些员工有可能在进入企业内部后发生了变化，成为不适合组织的异类分子。如果不及时地将他们清除掉，任其滞留在组织中，天长日久难免会产生"恶变"，造成整个系统

的混乱。为此，合理输出，可以保持员工队伍的纯洁性和稳定性，防止产生不必要的负面影响，有利于企业组织目标的顺利实现。

②防止优秀员工流失。企业的发展或者兴旺与否与优秀的员工队伍有着密切的关系。因为优秀员工的流失，势必会对岗位的正常运转造成一定的影响，特别是一些优秀的人才或技术含量高的员工，其影响力会更加直接。为此，防止优秀员工的流失，既可以保证企业工作运转的正常性、稳定性，也可以避免造成成本损失、减少工作绩效。总之，**做好人员流失的管理工作是企业挖掘人才、培养人才、使用人才、留住人才的重要内容，是企业在竞争中立于不败之地的关键所在。**

4. 做好企业内部的人员流动工作

正如企业与外部的交流一样，企业内部也不是一潭死水，各组成部分之间存在着大量的能量交换运动。分子在企业内部活跃地运动着，并在运动中释放自身的能量。**为了使企业内分子运动能有序进行，并最大限度地为企业提供能量，在企业中必须铺设合理的横向流动和纵向流动轨道。**

(1) 内部人员的横向流动

企业各部门之间必须密切合作才能完成整体产品的生产，因此各部门的沟通显得尤为重要，而人员在各部门之间的流动就是实现这种沟通的重要形式之一。同时，企业中的许多部门工作重复率较高，技能要求相对较为单一化，长期从事容易产生疲倦、厌烦的感觉，并容易由于过分熟悉某项工作而产生不忠诚行为。为了不断地提供新的刺激，最大限度发挥员工潜能，企业也要定期更换员工的工作岗位。这样就形成了能量的横向流动。保证这种流动有序进行的方法，就是实行职务和岗位轮换制度。

职务和岗位轮换制度是企业有计划地确定期限、让员工轮流担任若干种不同工作的制度，从而达到开发员工多种能力，增强内部沟通的目的。员工长期处于一个岗位上、一个部门中，对企业其他部门缺乏了解，必然导致合作不佳。职务轮换，可以打破旧有界限，增加部门之间的沟通，有利于培养群体合作精神，使企业成为团结、合作的统一体。

同时，横向流动还是调整企业内部年龄构成、知识结构的必要手段。

在加强或削弱某个部门时，职务和岗位轮换亦是不可避免的。

在实行职务轮换制度过程中，应按照组织内能量运动的原理进行，制定明确的规章制度、保证措施，否则，容易造成企业内人事混乱，影响业务的正常进行。但如果因噎废食，因害怕出乱而宁愿组织僵化，将给组织带来更多难以估量的损失，这是被无数企业经营管理的实践所证实了的。所以企业要从长远利益考虑，不以眼前一时得失为标准，把握组织运动规律，积极解决职务和岗位轮换中出现的问题，改进或完善相关制度，保证企业内部横向流动顺利进行。

职务和岗位轮换制度应以企业内人才信息库为基础，结合由员工填写的反映本人的自我感觉、意见要求的自我申报表来进行。在交叉培训的基础上，进行合理调配，力争做到人事相宜、人尽其才。

（2）内部人员的纵向流动

内部人员的纵向流动是调整"能"与"级"的关系的重要形式。在企业中，表现为人员在级别上的变化。

①管理层的纵向流动。管理层的纵向流动，指企业内管理人员的升降系统。企业中要形成职责权限制度化，即在组织中明确规定各管理层级的职责和权限，高级领导的人数限制，各级领导的管辖范围、权力分配和相互关系，各级管理工作之间发生矛盾、纠纷的协调办法和处理程序等。这些规定要形成制度，作为企业管理的根本大法在企业中确定下来，用"法治"代替"人治"，保证企业经营管理的连续性。同时要建立推动人员运动的机制，实行管理人员聘任制。在传统的干部终身制下，管理者队伍素质无法保证，机构臃肿，效率低下，已不再适合今天激烈竞争下的企业的需要。实行管理人员聘任制势在必行。

为了更好地实现管理层的纵向流动，应注意对管理人员的选拔、使用、考核都必须有一套科学的、量化的指标体系，责任明确，对功过是非能做出科学、公正、合理的判断。对管理人员的管理要成为标准的程序化工作，避免"人治"，保证"法治"。

②业务层的纵向流动。业务层的纵向流动是通过专业技术等级考评和荣誉称号的授予来实现的。专业技术等级考评，即企业根据各工作岗位的要求不同，设置各种技术考试，通过考核确定级别，并与津贴、聘任与否

等相挂钩。

在执行技术等级考核制度过程中,要注意以下几点:一是考评时间制度化。技术考评不是突如其来的一阵旋风,而是常驻企业的春风。考评要形成制度,像管理层级的考评一样,定期进行。二是考评标准科学化。考评的内容要详尽明确,既要符合企业通行的服务标准,又要结合本企业实际情况。三是考评过程公开化。考评的过程要公开、公平,增加透明度,使全体员工都给予关注,参加选评。四是考评结果实效化。考评结果要与物质奖励、精神奖励相结合。不同的级别、不同的表现要有不同的津贴标准。对于取得职称的技术骨干要给予充分的肯定和尊重,如登报表扬,给予参加企业决策的机会等。企业还可设立一些荣誉称号,通过比赛,激发员工热情,对获奖者进行精神、物质奖励。同时也要注意对荣誉称号实行动态管理,废除终身制,要规定有效年限,到一定期限自动失效,以保证荣誉称号的"含金量",为后来人留下更多的发展空间。

通过业务层渠道的建立,使企业内有了与管理层级升降相并行的渠道。这样,一方面可以激发员工勤业、敬业的热情,更加注重自身素质的提高;另一方面,可以拓宽人才发展的渠道,既保证了干部队伍的精干,又满足了人才的成就愿望。

③混合型流动。在企业的人员流动中,还存在着一种混合型流动,即同时出现管理层级和业务种类的变化。这种流动一般发生在不同部门管理人员成长迅速和具有管理潜力的人员数量的差异背景下。当实现这种混合流动时,对于流动的人员必须进行管理能力的再组织化和业务能力的再组织化。一般来说,在正式进行这种流动之前,首先应让拟流动的人员到拟流入的部门进行工作实习,以考察其工作能力情况,在考察合格后再进行正式的安排。混合流动必须坚持管理与业务两个方面培训合格后上岗的制度,只有这样,才能真正保证人才能够正常成长和正常地发挥作用。

第四章
资本整合：适度扩张，快速增值

资本是生产经营活动不可缺少的、可以增值的稀缺资源。离开资本的投入和运营，企业的任何经济活动都是没有意义的。追求利润最大化和力图高速发展的现代企业，无一不把资本运营视为腾飞的捷径，而资本整合更是其中的首选。

资本整合是市场经济与企业经营发展的必然产物。它是企业对可以运用的资本、在动态中进行有机的系统组合，通过或纵向、或横向、或一体化、或多元化、或积聚、或分拆的战略运作方式，去实现适度扩张、快速增值的过程。随着形势的发展，资本整合还将有创新和发展。

一、资本与资本整合

企业扩张、发展的根本在于资本增值,资本增值的根本出路在于资本整合。资本整合能使企业所拥有的各种资本通过各种途径,达到优化配置、高效运营的目的,以实现资本最大限度增值。

1. 资本的含义与功能

在西方经济学中,资本是一种稀缺的生产性资源,是投入生产活动的要素。

资本指的是在许多连续时期产生出收入的流量的一切有用的东西或资产的存量。任何能产生收入的资产都是资本。

资本有狭义与广义之分。狭义的资本一般是指有形资本,如物质资本(厂房、机器设备、存货)和货币资本。资本这种生产要素与劳动和土地有所不同,劳动和土地一般是属于自然禀赋,而资本则是在经济过程中劳动和土地发生作用的产物。因此,劳动和土地通常被称为"初级"生产要素,资本则叫作"中间性"生产要素、人为的生产要素。人们利用迂回生产方法(指先用劳动和土地生产出暂时不能满足消费需要的生产资料或生产工具,即资本品)比直接生产方法(指用劳动和土地直接生产出满足人们需要的消费品)具有较高的生产率,这个较高的生产率是由于使用大量资本的缘故,这种资本与劳动协力合作的效果称作资本的生产作用。广义的资本包括有形资本、无形资本和人力资本,无形资本表现为人才、土地使用权、专利、商标、信誉、知名度等。

资本具有以下几个方面的功能。

一是启动要素市场,组合生产要素,推动价值的增值和积累。在市场经济条件下,生产资料、劳动力及各类生产要素处于某种分离状态,只有通过资本这一中性要素以购买、交易和租赁等方式来启动,实现各种类型要素的联结和组合,才能转化为现实的生产力。

二是调节要素流动,促进商品和货币流动与转化,实现剩余价值和分配价值。从价值的表现形式上看,资本存在着生产资料、劳动力、产品和货币等流动形式。只有资本的投入才能使具有使用价值的要素进行流动，实现要素间的结合，使其成为具有价值形态的商品，并在市场上完成交换，转化为货币资本，完成剩余价值的实现和价值的再分配。而从投入产出的过程看，要素的投入要受市场需求的制约，而这又是通过资本的投入量和投入方式来进行控制的。因此，**资本起到调节要素流动的作用**。

三是发挥资源配置的职能。资本为了追求高利润率的投资场所，就会不断从低利润率的部门转出，转入高利润率的部门，这必然带动资源从低利润率的部门转到高利润率的部门，从而优化资源的配置。

四是具有激励和约束的作用。为了追求超额利润，各企业必然努力改进技术，改善管理，降低个别成本，这是资本追求超额利润的激励功能。资本要取得较高的利润率，就要尽可能减少预付资本的投入和固定资本的占用，尽可能发挥现有资本的作用，提高资本的利润率；就要尽可能节约不变资本的支出，消除原材料方面的浪费和闲置现象；就要尽量压低工资、奖金的支出。这些措施在客观上形成了对企业行为的有效约束。

2. 资本整合是现代企业经营面临的新课题

所谓资本整合，就是企业对自身拥有或可以调用的资本在动态中进行有机的系统组合，以实现适度扩张、快速增值目的的过程。

资本整合具有两层含义，一是不同资本之间的整合，二是相同资本的不同运用的整合。二者之间进一步综合，则是更高层次的一种整合。

资本运营是现代企业运营方式之一，而要达到资本运营效果最佳，就必须进行资本整合。资本整合可以避免单独使用或简单组合使用一种或数种运营方式带来的不利因素，提高了资本运营效益。

随着社会主义市场经济体制的确立，人们对资本范畴有了新的认识，越来越多的企业特别是国有企业正在按照资本运营思想，转换企业经营机制，寻求现代企业发展的新的经济增长点。

所谓资本运营，就是指把企业所拥有的各种社会资源、各种生产要素，即所拥有的各种资本，视为可以经营的价值资本，通过流动、收购、兼并、重组、参股、控股、交易、转让、租赁等各种途径优化配置，进行有效运营，以实现最大限度增值目标的一种经营管理方式。**使这一方式能**

达到最佳效果的手段即为资本整合。

按照资本运营理论，企业实际上是各种资本要素所构成的一个组织体，企业运行的全部目的就在于实现其资本价值的增值，企业的一切活动都必须服从于和服务于资本的增值要求。企业经营管理过程就是对企业所拥有的各种资本要素进行合理配置，促成其有效流动，优化资本结构的过程。企业资本运营的目标是要实现价值的最大增值，即追求最高的投资报酬率，企业的一切生产经营活动都是为了实现这一目标。

对于中国企业来说，资本运营既是一个崭新的课题，也是一个永恒的课题。它使中国企业管理实现了从"实物管理"走向"价值化管理"的一次飞跃。企业经营中有两个重要的战略机制，一个是内部管理型战略，另一个是外部交易型战略。**内部管理型战略的实施就是产品经营，面对的是产品市场；外部交易型战略的实施就是资本运营，面对的是资本市场。企业经营的精髓就是两种战略的有效运用**。从国际上著名企业的发展可以看到，企业在其持续经营和长期发展过程中始终在综合运用这两种发展战略。

纵观世界上著名的大企业、大集团，几乎没有哪一家不是在某种程度上以某种方式，通过资本兼并、收购等资本运营手段而发展起来的，也几乎没有哪一家是完全通过内部积累发展起来的。

这里特别强调，企业利用外部交易型战略培育和发展企业核心能力，企业资本运营的每一个具体手段都与企业的生命周期有着密切关系，对企业的持续生存与发展有着极为重要的现实意义。

资本运营是涉及多个对象、不同资本形态的复杂过程，其运营方式很多。随着经济形势的发展，其方式还会有创新和发展。

二、资本整合的战略选择

资本整合是谋划实施企业长远的、全局的资本运营的行为，所以必须有正确的战略保障。惟此才能收到预期效果，使资本得到不断的增值和扩张。

随着所有制观念的更新和企业产权改革的正确定位，资本运营已为不少企业所运用，其中有成功的，但有不少是无效的，甚至是失败的。究其原因，绝大部分是因为整合功夫不到位造成的，尤其在企业兼并、收购、联合等实施完毕后，新企业在许多方面的整合成功与否决定了新企业将来的发展前途。

仅就资本运营的前期规划而言，整合所采取的战略选择就有如下五种。

1. 关联多元化战略

关联多元化资本运营战略需要制定资本分配的方案，保证资源有效的利用。资本虽然避免了集中投入单一产品或劳务的风险，但增加了资本多方面投向的运作难度，也增加了资本短缺的风险。

企业生产要素的分配以主导产品或劳务为重心，同时增加与"重心"相匹配或相类似的新产品或新劳务，这就是关联多元化资本运营战略。该战略能够利用企业所具有的专门技能、技术经验、生产设备和销售渠道。当一个企业所处产业处于上升时期时，该战略是一种极具生机的战略，它可以加强组织在具有特殊知识经验的领域中的地位。一项考察了几乎占美国资产2/3 的460个公司的研究表明：导致公司具有较快增长率的多元化，可扩大与原有市场有关的市场。如美国的杜邦公司就是成功地实施了关联多元化发展战略。

2. 横向一体化战略

优势企业通过购买、联合或兼并与自己有竞争关系的企业达到自身资本的扩充，从而实现横向一体化资本运营战略。

横向一体化可以实现规模经济，实现经济共享和优势互补；提高行业集中度，增强对市场的控制能力。但企业同时要承担在更大规模上的经营风险，以及出现由于庞大而产生机构臃肿、效率低下的弊病。实现这一战略，关键是要制定好联合、兼并、合并等多个战略方案，并根据资本运营战略目标筛选出最优方案，同时加强战略运作后的管理工作。

3. 纵向一体化战略

纵向一体化是指在两个可能的方向上扩大企业现有经营业务的一种发展战略。向前一体化就是组织自行销售其产品或劳务；向后一体化则是组织自行供应其生产现有产品或劳务所需要的部分或全部产品或劳务。

纵向一体化有以下优点。

其一，向后一体化使企业能对它生产现有产品或劳务所需原材料的成本、质量和供应进行更有效的控制，可以将原材料供应商获得的高额利润转移到本企业中来。

其二，向前一体化企业控制销售和销售渠道，有助于消除库存积压，掌握市场信息，从而增加产品的市场适应性。原材料生产企业进入产品制造领域，有助于实现更大的产品差异化并增加产品的附加值。但是，纵向一体化实证研究表明向前一体化而进入新的产品、市场领域的企业，其效果要比采用其他战略进入同一领域的公司要差得多。采用纵向一体化的企业的价格收益比率显著的低于实行关联多元化战略的企业。因此，企业要慎重地选择纵向一体化战略。

有些企业采用纵向一体化战略是为了达到某种程度的垄断控制，还有些企业是希望通过建立全国性销售组织和扩大生产规模来获取经济利益。

4. 复合多元化战略

企业为了分散外部风险，可实行复合多元化资本运营战略，即增加与组织现有产品或劳务不大相同的新产品或劳务。它可以在组织内部或外部发生，但更多的是通过对其他组织的合并及合资经营方案来实现。

复合多元化资本运营战略有许多优点：它可以通过向不同产业的渗透和向不同的市场提供服务来分散企业经营的风险；可以向具有更优经济特征的行业转移，以提高企业的盈利能力和灵活性；联合后的企业产生协同效应，使用一个部门的利润来弥补另一个部门的支出，前一部门不用交税，提高企业的股票价格等。**因此，复合多元化战略为众多企业的组织者所青睐。**如美国通用电器公司除主要从事汽车生产外，还生产飞机发动机、潜水艇、电冰箱、洗衣机等。

然而，复合多元化会带来组织膨胀、加大管理难度等问题。实践证明，有许多企业在进行多种经营时，会面临决策失误、资金短缺、不熟悉业务等风险因素，稍有不慎，就会导致失败。重庆"五洲—阿里斯顿"曾享誉全国，但由于在搞多种经营时投资房地产大量亏损，导致企业缺乏流动资金进行技术改造，面对国内同行业的激烈竞争，该企业已经落伍。

5. 资产分拆型战略

此战略又可称为逆向整合战略，即在确保资本运营结果最优化的前提下，使战线缩短。

当企业的经营状况、资源条件不能适应外部环境的变化，以致威胁企业的生存和发展时，企业常常采取资产分拆型战略。

如日本五十铃公司由于不能在轿车开发竞争和销售中取胜，决策者实施资产分拆战略，做出抛掉亏损的轿车部门，构建以卡车为主体的生产体制的决定，从而将有限的资源集中到卡车生产线上。

一般来说，企业采取资产分拆型战略只是想应付市场的短期要求，以使企业渡过危险，然后转而采取其他战略方案。资产分拆型战略路径可以划分为4种类型。

（1）抽资战略

即企业减少在某一特定领域内的投资。这个特定领域是一个战略经营单位、事业部、产品线，或是特定的产品、牌号，其目的是削减费用支出，然后将引出的现金流量导入新的新域。

（2）转向战略

即企业试图扭转财务状况、提高经营效率所采取的战略。转向战略的目的是渡过难关，扭转形势，然后采用新战略。**成功的采用转向战略的关键是要有系统、完整的战略管理观念。**

（3）放弃战略

是指卖掉一个主要部门，这个主要部门可以是一个战略经营单位、一条生产线或是一个事业部。当抽资战略或转向战略失效时，常常采用放弃战略。

(4) 清算战略

即通过拍卖或停止全部经营业务来结束企业的生命。对任何企业的管理者来说，清算是迫不得已的战略，通常只有在其他战略全部失灵时才加以采用。

三、整合产品经营与资本运营

产品经营与资本运营犹如鸟之双翼、车之两轮。片面强调产品经营或资本运营都会把企业引入歧途。资本整合不能脱离产品经营，而要在专业化的产品经营基础上适度进行。

1. 产品经营与资本运营的主要区别

随着企业改革的不断深化，我国企业较为传统的经营方式——生产经营已获得了长足的发展。现阶段资本运营已成为我国企业发展的一条重要途径。**因此，企业应当注重正确处理资本运营与产品经营的关系，继续搞好产品经营，**同时加大资本运营来壮大自己，精于主业与多元扩张、分流置换相结合，实行大配套、大协作，消除资产的无效配置，提高资产的运行效率。产品经营定位于根据市场需求及其变化进行生产产品决策、制定生产规模计划以及设备、工艺的组织与更新，主导行为是围绕产品在既定范围和现场内进行自我配套，如机器设备、工艺流程、产品设计、销售渠道等运行环节的协调，其营运具有内向性，但忽略整体资产的利用率和配置效率。

产品经营对企业发展的影响一般来说，比较稳定和平缓；资本运营由于存在低成本筹资和低成本并购优势，对企业发展的影响力极大，投资的股权转让对企业业绩的增长影响也较大。

资本运营在内涵和边界上都与产品经营有所不同。但资本运营和产品经营同属于企业经营的范畴，它们之间有着极为密切的联系。从深层逻辑上讲，资本运营既不在于资本的直接运作，也不在于以购并为主要内容的资产重组，其关键在于按资本原则进行生产经营，产品经营是资本运营的起点和归宿，也是资本运营存在和效能发挥的基础。

2. 产品经营与资本运营应有机结合

产品经营与资本运营以"追求企业利润最大化"为目标，因此又具有共同性且相辅相成。产品经营的核心是"产品"，而产品是资本运营的主要基础和实物表现；资本运营的对象是"资本"，资本的投入则是产品经营得以良性循环的前提和保证。因此，**只简单强调"产品经营"或"资本运营"都会把企业经营引入误区。**

理想的企业运作模式是在专业化的产品经营基础上适度进行资本纵向经营。资本纵向经营即上市公司的纵向并购，是指上市公司对与其生产过程或经营环节相互衔接的企业的并购。这种资本运营方式的优点在于以下几点。

- 以原有的生产经营为基础增加了经营广度，从而扩大了公司的生产规模。
- 下属子公司与控股公司在产业上存在着上下游产业链关系，这一关系使控股公司在整体上形成集约化竞争优势，并且有利于下属企业在各自领域加强专业化。
- 由于将具有上、下游生产经营关系的企业纳入上市公司，所以对减少上市公司的交易费用十分有利。

资本纵向经营是产品经营的专业化思路在资本运作领域的移植，二者结合起来非常自然。

四、整合是企业购并成功的关键

购并的成败不在于是否完成交易，而在于购并后在被购并企业的企业文化、管理制度、经营方式等方面和购并企业的整合。**整合能否成功，才是事关购并成败的关键。**

整合之所以成为购并企业提升的有效工具，在于可以获得现成资源及外界现有的经营体系，而造成"综合效果"。譬如在财务上，有更强的借款能力及更低的资金成本；在营销上，有现有的销售通路和网点及顾客群，迅速得到市场提升；在技术上，相互技术、专利的交流而生产更价廉物美的产品；在管理上，相互经营技巧及人力资源的交流互补而形成更强的经营实力。正因为如此，我们说购并的成败不在于是否完成交易，而在于交易完成后的提升绩效是否如期实现。提升绩效如期实现在于能否达成如前提及的"综合效果"，这就取决于购并后在内部管理方面的整合作业。

从理论上讲，购并对企业会产生经营管理上的协同效应。所谓协同效应，是指通过收购能给企业生产经营活动在效率方面带来变化以及效率的提高，从而产生收益，因此收购后两企业的总体效益要大于两个独立企业效益的算术和，即西方经济学家通常所说的 $2+2>4$ 效应。这种效应主要表现在生产协同、经营协同、财务协同、人才技术协同等方面。而购并后在内部管理方面的整合，主要指在管理制度、经营方式以及企业文化等方面的融合，主要涉及组织企业内部新旧业务的串联运行，监控企业内部职能部门和分支机构的流动，协商解决企业内部各部门间的利益冲突等方面。只有经过整合过程，才能更有效地发挥双方的协同效应。**因此，企业购并完成后，如何妥善对待和处理整合问题，以收到事半功倍的效果，对于收购方能否达到收购目的是至关重要的。**

1. 企业购并后的制度整合

购并完成后，是否要改变被购并企业的管理制度，取决于该企业现行管理制度的优劣。对于业绩优异、财务状况良好的企业，通常无须改变其管理制度，因为改变有可能会挫伤该企业原有员工的积极性，所以宜保持制度的稳定性和连续性。对于业绩欠佳的企业，要仔细分析其经营不善的原因，是否由管理制度的弊端造成。如原有的管理制度良好，则勿需加以改变，但如该制度与收购方期望的不相符合，则可以考虑把收购方企业所实行的良好制度移植到被购企业。这种过程是可逆的，双方的管理制度互相取长补短，可以充分地发挥协同效应。

事实上，新的管理制度的确立和完善绝非一日之功，是一个渐进的过程，因为其间难免会产生种种问题和冲突。例如，被购企业的经理人员和员工可能对新制度缺乏认同感而抱有抵触情绪，这只能依靠耐心的说服教育来解决，使他们认识到新制度相对于原有制度的优越性而自觉地接受。因此，在着手改变制度时，应深入了解被购企业的原有制度，比较双方制度的优劣，并根据生产经营的实际需要制定审慎的制度转移策略。

如果购并后被购企业被纳入公司整体，则制度的整合尤为必要，而如果购并的目的在于经营的多元化和规模经济的需要，可以使被购企业保持相对独立性，而没有必要强行要求制度的一致。值得指出的是，**双方的财务制度是必须统一的，这样便可以在资本上结合控制，以免财务状况混乱，杜绝作弊可能。**

2. 企业购并后的经营整合

（1）生产作业整合

如前所述，被购企业经营状况的好坏，以及是否能与收购方有效配合，直接决定了是否能使收购方动机得到满足，达到规模效应。因此，购并各方要相互熟悉对方的管理控制系统和方法，同时注意互相取长补短，通过各方管理部门的最优组合形成更高效的管理系统。

但是，通常情况下，生产作业整合比产品生产线的整合更难。因为常涉及设备的重复设置问题。生产作业经过整合，生产成本、存货成本、销售成本等均可降低，从长期来看，对企业的整体利益是有益无害的。

根据购并目的的不同，在具体操作过程中有可能会对某些功能进行整合。例如销售部门、研发部门的整合，一般的方法是由收购方委派相关人员到被购企业相应部门担任要职，进行直接管理。组织上的合并是必要的，但在收购初期，也应适当保留被购企业某些特定业务活动的相对独立，而逐渐进行整合。因为突然的变动，很容易给人造成独断专行的印象。收购目的不同，业务整合的程度和方式也有所不同。

（2）组织结构问题

是否应将新成员的营运作业完全融入现有的组织体系中，还是让其独立营运，就是组织结构问题中的一个方面。

假如收购者为了进入某一特定行业，精心策划并实施了一连串收购行动,那么,为了更有效地统一管理,一般来说都要将所购并的企业完全纳入其组织结构当中。收购者往往也会考虑被购企业的规模与收购方相比有多大。如果其业务量相对于收购方来说较大而成为整个企业业务活动中不可或缺的一部分,则宜于进行整合;如果其业务有限,若要求整合,就有可能使收购方的人力资源过于分散。例外的情况是,双方现有的相似产品能够被组合起来成为一个具有可观规模的产品群,就非常适合进行组织上的整合。

企业购并后的整合问题涉及方面很多,如人才整合、知识整合、文化整合等。因为这些方面本书的其他部分已有论述,在此不再赘述。

第五章
技术整合：追求卓越，引导潮流

技术是企业管理、企业创新、企业发展的基本内容之一。技术水平是检验企业素质与能力最直观的标准。高新技术就是最现实的生产力，它构成了企业核心竞争力的核心要素。在21世纪，离开技术创新，任何企业都无法在市场中立足。

企业发展需要技术不断进步。企业技术进步的根本动力便是生存的需要。就一般企业而言，技术进步最快、最有效的途径便是不断地将各种科研成果进行综合、组合、整合，以创造出自己的新技术、新产品。技术整合就是企业对自身拥有和可以运用的技术进行嫁接、渗透、提高，从而形成新技术、新产品的过程。

一、技术创新与技术整合

技术创新与技术整合相辅相成，融会贯通，技术创新的过程是整合，技术整合的结果是创新。通过技术创新与技术整合对企业的技术进行组合、嫁接、渗透、提高，从而形成新的技术或新的产品。

1. 技术创新的含义与创新过程

(1) 技术与技术创新的含义

技术一词来源于希腊文，最初是指技能、技巧。随着社会的不断进步，技术的含义也在不断变换与更新。由于技术问题是比较复杂的，所以目前技术的定义还难以统一。我们认为，技术是为社会生产和社会生活需要而使用的各种物质手段、工艺技巧、劳动经验和相应知识及方法的总和。它既包括基本生产实践经验和自然科学原理发展成的各种工艺操作方法与技能，又包括相应的生产工具和其他物质设备以及生产的工艺过程或作业程序等。它有两种表现形式，即硬技术和软技术。所谓硬技术，包括人们在劳动过程中用以改变或影响劳动对象的一切物质资料，其基础与核心是劳动工具。所谓软技术，包括工艺、制造技术、生产组织与管理技术等。它是科学地组织生产力诸要素的重要手段。**只有软、硬技术融为一体，相辅相成地协调发展，才能有效地推动技术进步和新产品开发，技术是现实生产力。**

按照国际上普遍认同的理解，所谓技术创新，是指以市场为导向，以提高竞争力为目标，从新产品或新工艺设想的产业，经过技术的获取（研究、开发和引进技术、工程化、商业化生产到市场应用整个过程一系列活动的总和）。它不只是关注技术的创造性和技术水平的进步，更关注技术在经济活动中的应用，特别是在市场中取得成功，是一个典型的融科技与经济为一体的系统概念，属经济学范畴。

目前，技术创新主要是指工业技术创新。因此，最直观的理解是：技术创新是科技新设想（包括概念、发现、发明、改进及其他成果）转变成新的可销售的产品或可推广的新工艺的过程。如果创新在市场上实现了（指产品创新），或者在生产过程中得到了应用（指工艺创新），就可以说创新完成了。因此，**创新包括了科学、技术、组织、金融和商业的一系列活动**。另外，在创新的新产品、新工艺概念中，也包含应用新技术所创造的新服务。服务创新指新设想转变成新的或改进的服务及应用最新技术推出的全新的服务，如电子银行、电子邮政等；或者是改变组织结构推出的新服务，如邮政特快专递、连锁店等。

技术创新具有如下特点：

- 强调市场实现程度和获得商业利益是检验创新成功与否的最终标准；
- 强调从新技术的研究开发到首次商业化应用的整个过程是一个系统工程；
- 强调企业是技术创新的主体。

(2) **技术创新的过程**

技术创新是一个把新设想转变成新产品和新工艺的过程。或者更明确地说，是把科学技术转变成现实生产力，从而搞活经济，促进经济增长的过程。

首先，技术创新是新设想、新发明产生的过程。在这一过程中，研究开发（B&D）、发明创造是最主要的特征。

其次，技术创新是从设想变成产品的转化过程，需进行测试、工程设计、寻求资金、购置设备、组织调整，还需要对原有发明和设想进行反复试验、修改和再发明，充满了大量的创造发明活动。

其三，技术创新还是一个技术走向市场的过程。技术对经济的作用，归根结底是通过市场实现的。所以，技术创新过程自始至终存在着调查市场、适应市场、进入市场的活动。在发明形成过程中，就要了解市场需求和发明的价值。在转化过程中需通过调研不断修改发明，降低成本。产品试制成功后，更需要通过市场营销将其成功推入市场。以上整个过程都是科技人员的职责。技术创新是一个突破传统思维的概念，它要求科技人员以新思维方式重新认识自己的职责。

2. 技术整合与技术整合原理

技术整合就是企业对自身拥有和可以运用的技术进行加减组合、嫁接、渗透、提高，从而形成新的技术或技术产品的过程。

在此，需要特别强调的是，**企业在进行技术整合时，往往只看到自身拥有的技术，而没有重视自身虽不拥有但可以运用的技术致使企业技术总量提高不快**。随着信息技术的不断发展，许多技术，甚至高新技术的解密越来越容易，而且许多媒体中披露的新技术也是比比皆是，何况过期专利也是俯拾皆是，使得有心的企业能以很小的投入即可获得所需的技术。但这些拿来的技术如何消化吸收？那就要靠技术整合。

技术整合原理如下。

（1）综合原理

技术整合中的综合，不是将技术的各个构成要素进行简单的叠加或初级的组合，而是在分析各个构成要素基本性质的基础上，综合其可取的部分，使综合后所形成的整体具有优化的特点和创新的特征。该原理认为，正确的综合可以导致有效的技术创新。它可以是高新技术与传统技术的综合，也可以是自然科学与社会科学的综合，还可以是多学科科学成果的综合。美国"阿波罗"登月计划可算是当代最大型的各种行业、各种学科、各种技术、各种方法、各种思想的综合物。

大量事实表明，综合就是创新。综合已有的科学原理，可以创立新的科学原理，如爱因斯坦综合了万有引力理论与狭义相对论，建立了广义相对论；综合已有的事实规律，可以发现新的事实规律，如门捷列夫发现了化学元素周期律；综合已有的科学方法，可以创造新的科学方法，如将几何学与代数方法综合，产生了新的解析几何方法；综合已有的产品实物，可以建造新的先进产品，如日本松下电器公司综合了世界各先进国家不同机电产品的技术特长，创造出誉满全球的松下电器。

（2）组合原理

所谓组合就是将两种或两种以上的学说、技术、产品的一部分或全部进行适当叠加和组合，用以形成新学说、新技术、新产品。在自然界和人类社会中，组合现象是非常普遍的，组合的可能性是无穷无尽的。同是碳原子，以不同方式、不同晶格组合，便可得到完全不同的金刚石和石墨。现代高科技的产物航天飞机即是火箭技术和飞机技术的完美组合。爱因斯坦曾说："**组合作用似乎是创造性思维的本质特征。**"

（3）群体原理

科学的发展，使技术创新越来越需要发挥群体智慧，集思广益、取长补短，才能有所建树。早期的技术发明多是依靠个人的智慧和知识来完成的，但随着科学技术的进步，20世纪40年代以来，特别是近20年以来，人类在科学技术上的新发明、新创造，远远超过了以往两千年的总和。人类知识的总量在19世纪时，是每50年增加一倍；到20世纪中叶时，是每十年增加一倍；进入20世纪90年代，则是每三年增加一倍。现在，一个技术专家即使夜以继日不停地看资料，也只能阅读有关他自己专业当年世界全部科技出版物的5%。在这种新形势下，要想"单枪匹马，独闯天下"，去完成较复杂项目的开发设计工作，显然是不可能的。这就需要技术创新者们摆脱狭窄的专业知识范围的束缚，依靠群体智慧的力量、依靠科学技术的交叉渗透，使技术创新活动从个体劳动的圈子中解放出来，焕发出更强大的活力。

二、用创新文化推动技术整合

创新文化决定企业技术整合的价值导向，决定企业技术整合的动力机制。创新文化成为企业技术整合的根本动力，是企业整合管理活动效率和效益的源泉。

1. 企业创新文化

现代管理发展到企业文化阶段，已达到了其顶峰。企业文化通过员工价值观与企业价值观的高度统一，通过企业独特的管理制度体系和行为规范的建立，使管理效率得以提高，使企业得以卓越发展。

创新作为企业的一项基本功能，是企业管理的一个根本特征。当代管理大师彼得·德鲁克说：**创新和企业家精神是人类进入"开拓进取型经济"阶段后的"正常的、稳定的和连续不断的需要"**。在这里，德鲁克把创新不仅当作是现代企业文化的一个重要支柱，而且看成是社会文化的一个重要部分了。的确，在社会进入"创新推动型"经济后，创新已成为社会文化的一个重要方面，已成为一个民族的灵魂。

崇尚创新的社会文化和企业文化，我们可以称之为创新文化。笔者认为，创新文化主要由创新价值观、创新制度体系和创新行为规范这三部分构成。

（1）创新价值观

价值观是文化的根本特征，当代创新文化应是以企业家精神为核心的，执着追求开拓、变革、高效和卓越的文化。经济学先驱萨伊（J. B. Say）指出："把经济资源从生产效率较低、产量较小的领域转到生产率较高、产量更大的领域的人，便是企业家。"而熊彼特则进一步阐述："创新是企业家对生产要素的重新组合。"由此可见，创新是与企业家精神密不可分的，从而也是市场经济文化的产物。长期以来，我国技术创新活动十分落后，企业缺乏技术创新动力机制，说到底是我国一直未确立市场经济体制、发展市场竞争的结果。只有大力推进市场经济建设的速度，我国才能从根本上建立创新文化。

（2）创新制度体系

创新作为一种企业家精神，并不是一个企业家的特征，更应该是一个组织、一个机构的特征。因此，创新文化要得以形成和运行，必须有一定的制度体系为基础。与技术创新相关的制度体系，在企业内部至少有研究与开发制度、人才培养与使用制度和企业体制等，在企业外部则至少有国家科技法规与制度、教育制度、投资制度、技术引进与转移制度和企业制度等。前述美国和日本创新文化的差别，在很大程度上是制度方面的差别。如美国的科研制度与教育制度都重视基础研究的投入，而日本则一直偏重应用与开发研究；美国科研方面有很大的竞争性，而日本则更多地由国家引导；美国重视自主型创新模式的形成，而日本则注重引进基础上的"二次创新"；美国对产品的开发比对产品的生产更为重视，而日本则相反。

(3) 行为规范

行为规范是文化的基本特征，创新文化在行为规范方面表现为社会和企业、企业家和员工、组织和个人对创新活动的重视、理解、陶醉、参与和支持之上。**开拓精神、创业精神、冒险精神、团队精神等几乎都是创新的同义词，也正是创新文化的行为特征**。亨利·福特为了让每个美国人都买得起汽车而提出大规模生产的思想，并发明了现代流水线，由此开创了当代世界的一种新型生产方式；比尔·盖茨为了不放弃个人电脑发展的机会，能够专心致志办好微软公司而毅然中断在哈佛大学的学业，由此诞生了今天对整个信息技术发展都具有重大影响的微软公司；继尔纳·西门子为了能全身心投入发明试验宁愿待在监狱而不想自由⋯⋯这样的创新精神在欧美企业发展史上比比皆是，而在日本则不完全是这样，这也是美日企业技术创新文化的重要差异。

2. 创新文化是企业技术整合的动力

如果创新文化已成为企业文化的根本特征，那么，创新价值观就得到了企业全体员工的认同，创新制度体系和行为规范就会得以建立和完善，企业技术创新动力机制和运行机制就会形成并高效运转。因此，创新文化是现代企业技术整合的根本动力。这主要体现在如下几个方面。

(1) 创新文化决定着企业技术整合的价值导向

企业技术整合活动的规模、水平、重点和方式往往是由其价值导向决定的，而这一价值导向正是创新文化的特征之一。日本索尼公司一直以"技术领先"为其企业创新文化的根本导向，故其技术整合活动很活跃，在电视机、数字音响和通信产品领域取得了一大批研究成果，获得电子产品领域"艾米奖"的数量在全球所有电器公司中位居第一。

(2) 创新文化：技术整合动力机制高效运转的环境

现代企业的技术整合行为及其效率决定于技术整合的动力机制。技术创新经济学认为，现代企业的技术整合动力机制主要是由诱导机制、激励机制、压迫机制和驱动机制等构成，其中诱导机制主要来源于创新收益和创新环境，激励机制则主要来源于市场需求和竞争优势，压迫机制主要来源于竞争压力和创新制度，而驱动机制则由企业制度、企业战略等因素决定。而这些决定技术创新动力机制的因素，大致可以划分为企业内外两大类别。其中，外部因素大都受社会创新文化的影响，如创新收益、市场需求、市场竞争等；内部因素大都受企业创新文化的影响，如企业战略、企业制度等。因此，创新文化是现代企业技术创新动力机制形成与高效运转的重要环境。在美国 3M 公司，技术创新被看作是企业的头等大事，故其创新动力不言而喻。在上海华联制药公司，新产品开发已与企业发展生死攸关，成为企业经营战略的主旋律，故其技术创新活动受到全公司全体员工的重视和支持，以此为中心，华联制药公司走上了良性循环的运转。技术创新的过程就是技术不断整合的过程。

（3）创新文化是现代企业整合活动效率和效益的源泉

正如企业文化是企业管理效率与效益的源泉一样，创新文化也是企业整合活动效率和效益的源泉。创新价值观将从事技术创新活动的人的价值观统一起来，并指明了共同努力的方向，这将保证技术整合活动以最大的动力去实现目标；创新制度体系保证了技术创新活动良好的运行环境，从而可以实现创新资源的合理配置；创新行为规范则使技术创新活动能保护步调一致并具有特色，从而可以保证整合活动的效率。

第六章
产品整合：迎合市场，满足消费

产品是企业创造的满足市场需求的有价物品。任何产品只有适应市场需要，才能真正为企业创造利润和实现价值。企业发展的成与败，首先表现在产品在市场销售中的成与败。因此，企业要想在竞争激烈的市场中生存，必须正确地选择适应市场需求的产品开发策略。

产品整合，是现代企业为开发市场，取得市场竞争力而运用多种新技术对产品拼接组合，从而创造出满足消费需要、市场欢迎的新产品的过程。产品整合是当代企业极为重视和依赖的市场开发手段，也是促进企业进步和赢利的有效途径。

一、产品创新与产品整合

企业产品只有不断地进行创新与整合,才能适应市场需求,才能开拓市场,才能真正具有持续的市场竞争力。产品的创新与整合已成为企业管理的必然选择。

1. 产品创新及其类型

产品是通过人的劳动生产出来的有用物品,是劳动者通过使用劳动资料,如厂房、装备、土地等,有目的地加工劳动对象,如原料、材料、种子等所取得的有用物品。产品是与产业、生产劳动相联系的概念。

企业产品需要不断创新,只有这样才能具有市场竞争力。

新产品是指采用新技术原理、新的构思、新的设计、新的材料,有新的功能和结构,技术含量达到先进水平,经连续生产性能稳定可靠,有经济效益的产品。新产品最主要一点是能够满足社会不断增长的新需求,有存在、发展的价值。

新产品按性能可分为全新产品、换代新产品和改进型新产品。

技术创新是围绕着新产品开发展开的。因此,企业仅以现有产品维持着局面是会隐伏危机的,还必须有一代接一代的新产品不断开发出来,去替代老产品。而且,新产品又必须是可以销售的产品,这是商品的概念,进而必须追求商品是畅销商品。

企业是通过自己生产的产品去满足市场需要的;产品适销对路,企业才有出路。许多企业的失败,归根结底都是产品对市场不适应而引起的。原因可能是预测市场的失败,或新产品开发的失败,或产品制造方面的失败,或产品销售上的失败。因此,工业企业要适应市场,必须正确地选择产品适应市场的策略。

随着竞争的加剧,新产品的开发已成为每个企业必须严肃面对的课题。新产品的名目繁多,可以分为世界级新产品、国家级新产品、地区级新产品和企业级新产品四类。

- 世界级新产品,是指在全世界第一次试制成功并投入市场的产品。

- 国家级新产品，是指其他国家已试制成功并投入使用，而在本国尚属初次设计、试制、生产、并投入市场的产品。
- 地区级新产品，是指在国内其他地区已试制成功并投入市场，但在本地区尚属初次试制的产品。
- 企业级新产品，是指在本地区其他企业已生产销售、本企业初次开发并销售的同类产品。

按照产品新颖的程度划分，可分为全新型新产品、换代型新产品、改进型新产品、仿制型新产品四大类。

- 全新型新产品，是指应用新原理、新技术、新结构、新材料研制成功的前所未有的产品。如蒸汽机、电灯、汽车、飞机、电视机、计算机、抗素素、激光唱片等的首次研制成功并投入使用，就属全新型新产品。这类新产品往往是伴随着科学技术的重大突破而诞生的。
- 换代型新产品，是指在原有产品的基础上，部分采用新技术、新材料、新元件等，使结构性能有显著提高的产品。
- 改进型新产品，是指对老产品在质量、结构、功能、材料、花色品种等方面作出改进的产品。
- 仿制型新产品，是指市场上已经存在，而本国、本地区或本企业初次仿制并投入市场的产品。

2. 产品整合及应达到的目标

所谓产品整合就是企业根据自身（或他人）目前生产的单一产品的零部件（或产品功能）或对数种产品进行重新拼接组合，从而设计制造出新的产品来满足社会需要的过程。

产品整合应达到一定的目标。没有明确的目标，就没有成功的整合。产品整合应达到的具体目标有6个，即多能化和高能化、小型化和微型化、多样化、简化、节能化、生态平衡化。

（1）多能化和高能化

通过产品功能整合扩大商品的使用范围，由单功能或少功能发展为多功能产品，做到一机多能，一物多用。如家具产品改为组合式，旅行皮箱可当作桌子、凳子，沙发可当床用，空调由单冷式变为冷暖交互式等多种用途。

(2) 小型化和微型化

通过产品形体整合，尽量缩小产品体积，减少产品重量，但功能不变或功能增加，使之便于搬运、装卸、安装、操作等。

(3) 多样化

通过产品的交互整合使之派生新的品种。即发展多品种、多门类的产品满足市场上的多种需要。多样化又可分为以下几种：

- 水平式多样化，即除生产一种主要产品外，还生产其他产品，或在基型产品基础上发展多型号、多规格、多品种的变形系列产品；
- 垂直式多样化，即对产品进行深度加工，生产出多种新产品；
- 综合式多样化，就是综合利用主要产品的原材料以及下脚料、废料和工业"三废"，生产多种产品。

(4) 简化

通过产品的逆整合，使产品功能和结构简化，即对产品的结构进行改革，在保留基本功能条件下去掉某些次要的或者不必要的功能；或者利用新技术、新工艺、新材料使产品的结构简化，减少产品零部件的种类、型号，使之系列化、通用化、标准化。

(5) 节能化

通过产品的内部机理整合，使产品节能或使用新能源。节能化就是使产品省电、省油、省煤、省力、节约煤气、蒸气等，除了发展能节省常规能源的产品外，还应考虑开发利用新能源的产品。

(6) 生态平衡化

通过产品的绿色整合，使产品更符合绿色标准。就是要优先发展能使环境不受污染、地球生态平衡的新产品。例如，有害排气量低于控制标准的发动机，具有消除烟尘效果的锅炉等产品。

二、产品整合的策略

策略是产品整合的命脉所系。产品整合必须讲究密集型发展策略、多样化发展策略、以新代老策略、转产策略等。没有产品整合策略，就没有产品整合的成功。

1. 密集型发展策略

密集型发展策略，具体又可分为以下三种类型。

(1) 市场渗透策略

这是一种挖掘现有产品在现有市场上潜力的策略。它可以通过以下五条途径实现。

一是提高产品质量。产品质量的优劣，是企业能否发展的关键。同样一种产品，质量不一样，销路就大不相同。优质产品特别是名牌产品，即便价格高一些，人们也愿意购买。对机器设备和耐用消费品，用户和消费者更加重视产品的质量，原意花较多的钱购买优质名牌产品，而不愿买质量差的便宜货。因此，生产这类产品的企业，应把提高产品质量作为自己的主攻方向，树立"以质量求生存、以质量求发展"的经营思想，力争使自己的产品成为本地区、本部门、全国以至世界上的优质名牌产品，以此来扩大销路，提高本企业产品的市场占有率。

二是降低产品价格。社会对某种产品的总需求量是和它的价格成反比的。社会对各个企业产品的需求量也同样会遵循这一规律。在保证质量的情况下，企业如果降低了产品的价格，社会对其产品的需求量就会增加。尤其是一般的日用消费品，消费者都不愿为此支付较多的费用，而愿意购买价格比较便宜的产品。因此，生产这类产品的企业，应当把降低价格作为自己的主攻方向，千方百计改革工艺，改善企业经营管理，提高劳动生产率，降低原材料消耗，以降低产品的价格，争取更多的用户。

三是提高履约率。在社会化大生产的条件下，各企业之间、企业和消费者之间都存在紧密的联系。为了保证生产、建设和营业活动的正常进行，又能避免积压资金和提高资金的利用率，用户和商业企业总是要求生产企业能按照合同规定的时间和进度供货。如果生产企业不能满足这种要求，用户就不会订货。特别是出口产品，外商对交货期的要求更加严格。我们的许多出口产品，质量并不差，价格也合理，只是因为不能按期交货就打不开销路。可见，**保证及时交货，提高履约率，也是扩大销路的一条重要途径**。企业可以通过改革产品设计，改革生产管理，简化工作程序，压缩生产周期等措施，来满足用户和商业企业对交货期的要求。

四是改善服务。良好的服务不仅可以帮助用户和消费者正确地使用购买的产品，使商品的使用价值得到充分实现，而且还能通过为用户提供维修服务，使商品的使用寿命延长。有了良好的服务，用户和消费者就会有安全感。因此，**生产企业可以通过增加服务人员和网点，延长保修期，提高服务质量，增加服务项目，改革服务方式、方法等措施来吸引用户和消费者**。

五是开展强大的推销攻势。

美国一家制袜厂做过一次有趣的试验。他们先使用一切可能的推销方法，使自己的产品在本地区达到尽人皆知的程度；然后取消在该地区的一切推销宣传，并仔细观察销售量的变化。结果是：在发动推销攻势期间，产品的销售量剧增；取消宣传后的最初几周，产品的销售量继续上升；过一段时间后，由于竞争对手拉走了顾客，销售量开始下降。于是它又发动了另一次有声有色的推销攻势，销售量又再度上升。这个试验表明，发动强大的推销攻势也可以挖掘现有市场的潜力，是一条很重要的市场渗透措施。

生产企业可以根据本厂产品的实际情况，选择适当的推销手段，扩大自己的产品在市场上的影响。

（2）品种变化策略

这是通过调整产品品种结构，扩大产品销售量的一种策略。这种策略是同种类产品的变化，并不改变产品的基本功能，原材料来源、工艺、技术上也不会有什么困难，变化起来比较容易，变化的速度也快，所以它是最常见、最有效的一种密集型发展策略，一般企业都可以采用。

品种变化策略按其内容的不同，具体又有三种形式：

一是实现多品种生产。即在提高"三化"（标准化、系列化、通用化）水平的基础上，使某种产品的型号、规格、花色、辅助功能多种多样，如发展系列产品、什锦产品等等。实行多品种生产，既同主要以减少产品种类为目标的专业化生产无多大矛盾，又能满足用户和消费者的不同要求，可以取得比较好的经济效益。

二是发展新品种，使产品不断升级换代。产品长期以"老面孔"出现，就会引起用户和消费者的反感，使销售量下降。尤其是一些工艺简单、比较容易生产的产品，如果企业不经常翻新品种，就会遇到越来越多的竞争对手，使自己陷于困境。因此，当一个品种还很热销的时候，企业就应当注意分析可能出现或已经出现的滞销因素，做好翻新花色品种的准备，用不断变换花色品种的策略适应市场的变化。

发展新品种，使产品不断升级换代，是一种很有效的市场渗透策略。

三是根据市场需要不断调整品种结构。市场需求的变化，要求企业经常压缩长线品种，增加短线品种，减少老品种，增加新品种，使企业经常保持合理的品种结构。

在采用品种变化策略时，企业可借助产品系列平衡法，对市场需求状况和企业实际能力进行综合分析，为决策提供依据。

市场需求状况是指市场需要量、市场需求增长率、利润率等情况；企业实际能力是指市场占有率、生产能力、技术能力和销售能力等情况。把这两种因素各划分为大、中、小三类，即可有九种组合形式。对这九种情况可作如下分析。

第一种是市场需求和企业能力最大的品种，这类产品企业应大力发展，进一步扩大市场的占有率。

第二种是市场需求中等而企业能力很大的品种，对该品种应改进设计，吸引新用户。

第三种是市场需要量小而企业能力很大的品种，如果该产品无发展前途，应准备淘汰或转产。

第四种是市场需求很大而企业能力中等的品种，企业应提高能力，不断扩大该品种的产量。

第五种是市场需要和企业能力均为中等的品种，该品种可维持原有水平。

第六种是市场需要量小而企业生产能力中等的品种，如果没有别的扩大销量的办法，就要考虑淘汰。

第七种是市场需要量大而企业能力小的品种，企业应积极采取措施提高实际能力，大力发展生产。

第八种是市场需要量中等而企业能力小的品种，企业可以维持现状或采取一些临时措施，适当提高能力。

第九种是市场需要和企业能力均为最小的品种，应当淘汰。

(3) 开拓新市场

采用密集型发展战略时，企业的主要精力应放在挖掘现有的市场潜力上。但是，如果出现了以下情况，就不应再仅仅着眼于现有市场，而要开拓新市场。

一是本企业的产品在现有市场已经趋于饱和。

二是由于竞争激烈，企业虽然采取了许多措施，仍不能使自己产品的市场占有率提高；或者虽有提高，但由于竞争造成的损失太大，高于销售量扩大而增加的收入。

三是由于某些原因的影响，现有市场的需求量大幅度下降。

四是企业要大发展，现有市场无法消化企业增加的产品。

对许多企业来说，开拓新市场都要增加销售人员，增加销售费用。因此，在选择市场时，决不能轻率从事，必须先研究以下一些问题。

一是新市场对本企业生产的产品的需求量有多大？现在的供求情况如何？今后的发展趋势怎样？

二是本企业的产品在新市场上的优势是什么？有哪些不利因素？竞争对手的情况如何？

三是本企业的销售服务等工作能否跟得上？

四是新市场离企业的远近，交通运输条件是否具备，等等。

只有把以上问题调查清楚了，并结合本企业的具体情况，经过综合分析，才能决定开拓哪些新市场，以及在新市场上要达到的目标和应采取的措施。为了做到心中有数，有时还可以先在某些新市场上试销本企业的产品，然后根据试销情况决定是否把该市场作为开拓的对象。

2. 多样化发展策略

多样化发展策略是指企业在生产一两种主导产品的同时，又发展一些其他种类的产品，实行多角经营。

产品多样化按其发展方向不同，有三种不同形式。

(1) 横向多样化

企业在生产现有产品的同时，可以生产一些与现有产品有紧密联系的产品。按其与原产品联系的内容不同，又有两种不同的形式。

一种是发展的产品与现有产品在技术或制造过程上有联系。这种多样化，我国的许多企业已开始采用。尤其是机械行业的企业，由于它们过去的产品大都是为重工业和基本建设服务的，贯彻调整方针以后这些企业受到了很大冲击，生产任务普遍不足，形势迫使一些企业发展补充产品，向横向多样化的方向发展。但是采用这种横向多样化策略时，除考虑市场需要外，还要**注意发挥企业原来的技术和设备上的优势，要避免"饥不择食、急不择路"的做法，坚持"工艺相近，结构相似"、"专而不死，多而不乱"的原则。**

西安电影机厂是生产电影洗片机的，在生产任务不足的情况下，他们根据市场需要发展了第二产品——医药恒温箱。从表面看，这两个产品一个归机械工业部门管辖，一个归卫生部门管辖，似乎风马牛不相及。但实际上，医药恒温箱是用电影洗片机的制冷设备、加温设备和控制系统，再加一个箱子组成的，在制造工艺上是完全相通的。这样，他们既解决了生产任务严重不足的问题，又注意发挥了原有的技术优势。

甘肃某材料试验厂的做法也很值得借鉴。这个厂是生产测力机的。为了解决生产任务不足的问题，他们又发展了轨道衡这种产品。生产轨道衡好像离开了原来的生产方向，但是，测力机与轨道衡的关键件都是传感器，而制作传感器正是该厂的技术专长。因此，这种做法也完全符合"工艺相近，结构相似"、"专而不死，多而不乱"的原则。

另一种是发展的产品与现有产品在销售市场上有紧密联系。这种横向多样化虽然在国内还不多见,但在国外已广泛采用。

美国 FMC 公司,原来生产食品机械和农用收割机,他们通过把收割机卖给农民,掌握了农民对农用化工产品的需求情况,后来,他们利用原有的农业市场发展农用化工产品,既满足了农民的需要,又使企业得到了发展。

(2) 纵向多样化

纵向多样化是指企业把它所需要的原材料、零部件或后续产品结合起来生产。按其发展方向的不同,又有三种形式:一是前向多样化。这是指原来只生产成品或半成品的企业,根据生产发展的需要,自己生产原材料或零部件。比如一个钢铁厂,它的矿石原先是由别的企业提供的,现在决定自己建设矿山;又如一个制糖厂,其原料原来由农场供给,现在决定发展成农工联合体,既生产糖,又种植甜菜。前向多样化能使企业的原材料或零部件的供应在数量和质量上有可靠保证,从而有利于企业生产的稳定和产品质量的提高。二是后向多样化,它是与前向多样化成相反的方向发展。一般指原来只生产原材料、半成品或零部件的企业,现在根据市场需要和生产技术条件的可能,决定自己制造成品。例如,一个木材厂,过去主要生产各种木材,现在利用部分木材生产各种家具。采用这种策略时,必须在原材料供应十分充足、成品在市场上又供不应求的情况下,才比较经济合理。在原材料供应紧张的情况下,采用这种策略就会造成盲目发展。三是前后多样化。这是指原来只生产半成品的企业,既向前发展,自己生产原材料或零部件,又向后发展,自己生产成品。例如一个印染厂,既向前发展,增加纺织车间,生产坯布;又向后发展,增加服装加工车间,生产各种服装。采用这种多样化,由于成品和半成品都可以直接提供给市场,而且可以根据市场的变化主动进行调整,所以具有较强的适应性。

从以上三种形式可以看出,**纵向多样化实际上是一种联合企业的经营方式**。这种联合企业是根据产品在制造上有紧密联系的特点组织起来的。而联合企业内部的各生产单位生产的产品则是专业化的。所以它有利于生产力的合理组织,符合经济合理的原则。规模较大的联合企业,在产品专业化的基础上实行产品多样化，不仅可以减少竞争带来的风险，而且可以充分利用生产能力，开展综合利用和节约一些共同费用，有利于提高企业对市场的适应能力。但究竟采用哪种方式合适，则要根据自己的实际情况来选择。

(3) 侧向多样化

侧向多样化是指企业跨出本部门去生产与原产品方向毫无关系的产品。在国外，这种多样化也比较普遍。

日本的丰田汽车工业公司，既生产汽车，又经营住宅工业；美国的国际电报、电话公司，主要业务是电话和电报，同时又发展旅馆服务业和其他经营业务。

目前，我国有些企业也有开始向多样化发展的。不过，采用这种策略要特别慎重。当前有些企业由于实行了经济责任制或进行了技术改造，提高了劳动生产率，一部分工人从生产第一线退了下来。为了解决这些工人的就业问题，有的企业办了一些服务性的事业，如开办食品厂，建立绿化公司等。

3. 以新代老的策略

以新产品代替老产品不仅能适应市场，而且能开拓市场，创造市场。它是一种最主动、最积极的适应市场的策略。产品是有寿命的。在产品进入老年期后，销售量不断下降，利润越来越少，直至最后消失。在这种情况下，即使增加推销、广告等支出，也很难避免销售量和利润的下降。这时，**企业应当主动用新产品代替老产品，以使自己的产品经常处于最佳竞争状态**。在一些资本主义国家，企业销售额的增长主要是由于新产品的投放。据报道，美国的许多公司70%的产品在二十年前是没有的，50%的产品是十年前还没有的，25%的产品是五年前没有的。根据国外某些管理专家的观察，一个企业如果每年开发占营业额3%的新产品，企业就有竞争力；一般宜在5%以上，否则就很危险。

4. 转产策略

转产策略是指企业在发展过程中改变自己的生产方向，转而生产与原产品截然不同的产品。在资本主义社会中，企业采用转产的策略是很普遍的。这种做法一定程度上还起着自动调整整个国民经济比例关系，形成合理的经济结构的作用。在我国国民经济的调整期间，国家对部分企业实行了关、停、并、转的政策，重点也是放在并、转上。在促进联合的同时，鼓励重工业企业、尤其是机械工业企业转到为国民经济的技术改造、为人民生活、为扩大出口和实现国防现代化服务的轨道上来。在执行这项政策的过程中，不少企业都进行了转产。现在，对国民经济的调整任务虽然已经完成，但是，由于经济发展的不平衡性和企业之间竞争的加剧，关、停、并、转的现象还会不断发生。因此，**转产也是一种常见的产品策略**。

过去，人们往往把转产看成是企业打了败仗才被迫采取的一种行动。其实这种看法是片面的。我们只要比较全面地分析一下转产企业的情况，就会发现他们采用这种策略的原因是多种多样的。至少可能有以下几种。

- 由于社会经济的发展和技术的进步，出现了一些重点发展企业或新兴产业。这些行业发展前途大，有广阔的市场，利润高，吸引一些企业改变原生产方向，实行转产。
- 某些企业在发展过程中创造了一种新产品，这种新产品比原产品更有发展前途，从而使这些企业逐步放弃原产品，转而生产新产品。
- 某些企业原来生产的是一些小产品。在经营过程中，这些企业物力财力逐步雄厚，而继续生产原来的产品又受到某些限制，因而转向有利于自己发展的新产品。
- 由于技术进步，使某些企业生产的老产品被更加先进的产品所淘汰，如电唱机淘汰了留声机，收录机又逐步淘汰了电唱机，等等。这就迫使生产这类老产品的企业不得不变换自己的产品。
- 有些产品在市场上严重过剩，而生产这种产品的某些企业在同行业中又缺乏竞争力，不转产就无出路。
- 客观因素的影响，如"三废"治理达不到标准，原材料缺乏等等，企业不得不转产。

从以上六种情况可以看出，转产实际上可以分为两种类型。前三种情况下的转产属于主动型，是企业有计划有步骤地朝着对自己发展有利的方向转变；后三种情况下的转产属于被动型，是企业在逆境中被迫去寻找出路。但是，**不管哪种类型的转产，都是关系到企业命运和前途的大事，必须在广泛调查研究的基础上，经过充分论证，去选准产品的发展方向，切不可轻率从事。**

三、以产品整合，促品牌创新

品牌的载体是产品和服务。只有不断地进行产品质量和服务质量的整合来满足或超越目标顾客的期望，才能使品牌长盛不衰，永葆迷人魅力。

1. 树立名牌经营观念

摆脱旧传统，推进企业管理的改革与创新，首先要转变经营管理观念。立志于创名牌的企业，不仅要按照市场经济和社会化大生产的一般要求，像所有的商品生产者和经营者那样，树立起市场观念、竞争观念、服务观念、效益观念等新观念，而且要勤于思考，善于总结企业经营管理成败得失的经验，善于审时度势，实现思想观念的不断升华，逐步形成具有时代特征和本企业特色的经营哲学、管理观念。这是企业名牌战略的灵魂，对于创名牌的实践活动，特别是解决创名牌过程中产生的种种分歧意见、工作冲突等矛盾，达到统一思想、密切配合、齐心协力创名牌的目的，具有重要指导意义。这些带有企业特色的经营管理观念，反映了创名牌对于经营思想的特殊要求。

随着科学技术的发展，产品被淘汰的周期日益缩短。不要说高新技术，其寿命周期较长的顶多有几年，短的仅仅一年甚至数月，就是一般技术，例如机电产品，据工业发达国家调查统计，20世纪40年代机床的无形磨损平均期限为10年，50年代为8年，60年代为5年，70年代、80年代则更短。因此，名牌产品在激烈的竞争中要保持先进性和现代化，及时地改进、淘汰老产品就显得更为重要、更为迫切。国外有种观点，认为品种发展的重点应放在老产品的淘汰上，要预测产品的前途命运，当它虽有销路但已接近淘汰时就要主动地限产、减产或停产，及时用新产品接替它。这种观点，反映了当代科学技术发展和市场竞争的特点，应引起我们重视。

然而，在实际工作中，人们对于主动淘汰老产品、以适应市场的快速变化，往往会犹豫不决。人们总是感到，在一二年，或者半年甚至更短的时间，就要更换一个产品型号，商品寿命如此之短，而开发资金却如此之多，投入技术力量如此之大，接二连三地研制那些极为复杂的新型号、新产品，在企业的财力、物力和人力都有限的情况下，这样做是不是过于浪费了点？对于人们经常产生的这种疑问，我们说，激烈的市场竞争是残酷无情的，如果企业以名牌自恃，死抱着旧型号不放，人为地延长产品寿命周期，那么，竞争对手就会乘机在这段时间里向市场投放新产品，从名牌企业手里把生意抢走。若今天这个企业抢走一点市场，明天那个公司又抢走一点市场，不用多久，名牌产品就会迅速衰落下去。

纵观异彩纷呈的商品大世界，中国真正的世界级名牌有几个？**之所以没有世界名牌，是因为很多中国企业追求的是短期的销售目标，而不是长期的营销目标。**中国企业中很少有几个能制订出完整的营销计划，而让人敬佩的营销案例更是少得可怜，值得引以为戒的案例倒是一批又一批。

2. 产品的质量整合

产品质量与目标市场的一致性涉及适用质量的问题。奔驰车性能远远优于大众：比大众行驶平稳、速度更快、经久耐用。但奔驰和大众各自都满足了各自的目标市场消费者的需求，这种情况下，两种车提供了相同的适用质量。追求适用和廉价的顾客花 10 万元买到能满足其需要的汽车，与追求身份地位、标榜个性的顾客花 100 万元买到能满足其需要的汽车，都是优质车。这里的关键是产品质量要与目标市场战略、价格战略协调整合。

产品质量与营销沟通必须保持高度一致性。营销沟通不仅仅只在产品促销的环节。在企业的每一项活动中都传播着产品质量的信息。广告、服务、产品说明书、产品介绍文献、送货、产品加工、产品生产、包装、产品运送以及产品在顾客消费过程中，消费者口碑、质量认证、质量检查、产品参展、产品义卖、产品赞助等等，都传递着产品质量信息。

因此，产品要有较高的性能质量，即产品质量之间的差异非常小。如果产品质量有差异，则通过不同信息源发出的产品质量信息会不一致，这样会引起质量概念混淆。另外，产品质量的宣传说明必须与产品质量的实际情况保持高度一致。如果产品质量与营销沟通不一致，则要么产品质量毫无意义，要么没有达到顾客期望，使顾客得不到满意。

产品质量是市场驱动，更准确地说，是顾客认知驱动。**顾客对产品的可靠性、耐用性或者高性能非常看重，高的可靠性，经久耐用，以及卓越的性能构成了顾客眼中的质量**。质量的提高和改善只能在顾客认知领域里进行才会有意义，才会被承认，才会得到高的认知价值，从而索取高价。否则，徒劳无益。这里的顾客认知包括顾客原有的关于产品的质量观念，还包括通过营销沟通对认知的强化、修正或改正重建的认知观念。因此，要注意产品质量，产品认知质量，以及产品传播质量的吻合。最后，产品价格要反映产品的认知价值。

产品质量是在产品价值链上形成的。产品价值链上的各种活动是产品质量的投入影响因素，产品质量的好坏与这些因素有关。产品设计会影响一种产品的适用质量，实际采购则会因采购品的质量、性能而影响产品成本、产品质量。对产品进行细致的检查会提高产品的可靠性，提高产品的性能质量。因此说高质量产品的获得需要高质量的合作伙伴。**一个企业所提供的质量，只有当其价值链的合作伙伴都对质量做出承诺，并实现承诺时，才有保证。**

3. 产品的服务整合

企业的所有员工都必须承诺要保证质量，并对什么是优质产品、优质服务有一致的看法和观念。企业必须消除部门障碍，所有员工必须形成一个团队，共同为核心业务和预定目标而工作，把满足顾客需要作为自己的本职工作。其中，营销在产品质量整合营销中发挥重要作用。营销人员识别顾客需要，确定顾客认知质量；把顾客要求传达给产品工程设计人员；确保顾客订单正确而及时地得到满足，售后倾听顾客意见，提供产品质量改进意见。

此外，产品质量的整合问题还涉及服务。服务业的惊人增长，使得服务营销日益重要。服务是一方能够向另一方提供的基本上是无形的任何活动或利益，并且不导致任何所有权的产生。它的生产可能与某种有形产品联系在一起，也可能毫无联系。

服务的特点使得服务质量营销更具挑战性。服务具有无形性：被购买之前，看不见、摸不着、听不到、嗅不到。不可分离性：服务的生产与消费同时进行，服务的提供者和服务的消费者保持接触。可变性：服务质量水平难以确定和标准化，会因提供者不同、提供的不同时间、不同地点而有差异。易消失性：服务不能贮存。

服务的特点决定了服务质量整合营销更为重要。**服务质量的管理关键是满足或超越目标顾客对服务质量的期望**。顾客预期的服务质量是由过去的感受、口传和其他营销沟通手段所建立的。顾客在服务质量认知和观念形成之后，选择提供服务者；接受服务之后，把感知的服务和预期的服务进行比较。如果感知的服务达到或超过预期水平，他们就会再次光顾；否则，就会"鱼儿离群"。

因此，在服务质量的整合中，要特别注意：认知服务质量与预期服务质量的统一；把提供服务的实际质量、营销沟通宣传的质量以及顾客认知协调起来。如果服务的质量与沟通信息不一致，就会失败。例如，一个酒店宣传册子展示的房间富丽堂皇，但客人到达后发现事实并不如此，这样预期得不到满足。另外，服务的有形线索、服务的价格以及服务的分销渠道都必须协调一致。如果在一个五星级酒店提供价格低廉的房间和普通的食品，会有损服务质量。

为了了解顾客新的需求和对质量进行有效控制，保持服务质量的统一性、规范性，企业必须进行市场调查、听取顾客反馈意见以及对服务行为进行监督。罗伯梅特公司通过核心小组在购物中心的实地调查，测试和确定顾客产品和服务质量的意见和偏好。

产品质量的整合还要求企业与渠道成员之间的良好的合作，即产品质量与分销的整合。企业必须把渠道成员纳入产品质量的管理体系之中，这样才能把产品质量计划贯彻到底。

制造高品质的产品并不易，提供日臻完善的售后服务更难能可贵。信誉不仅靠产品提供，更是由服务结合。海尔的经验是设立服务中心，配备几十部汽车、数十部免费电话和传真机，昼夜为顾客服务。中心的维修电话铃响第一声就有人接；用户来信24小时内必回复；发往全国200个维修点的配件总以最快的载体——空运、火车快件、邮政快件运送；较近距离的报修在24小时内上门维修。在许多企业还被售后服务所困扰的时候，他们已按照ISO9001标准，将售后置于受控地位。一台冰箱从上了生产线到进入用户家，其所有的信息，诸如生产工艺、过程、用户姓名、地址、电话、购买地点和价格等等详尽地输入了电脑。用户来信、回信，各地维修部门档案及各类单据均入网储存，需要时一敲键盘，一览无余。这种一流的服务，体现了企业的远见卓识和崇高境界。

4. 产品的品牌整合

"不战而胜"是交战的最高境界。要达到这个境界，攻心术必不可少。现代商战里，在整个社会树立起信誉来，是企业名牌战略的核心。企业生产的不只是产品，更是信誉。

在市场经济的大潮里，生产的不仅是产品，还有荣誉。提倡名牌战略就是要造就一批高质量的产品，但产品本身不是目的，产品代表的永远是人的形象，是对社会和人类生存的慰藉。因而，富有远见的企业必须站得更高，真正把消费者看作上帝，更要注重社会责任和社会效益。

青岛海尔集团也提出了"卖信誉而不是卖产品"的市场理念。"名牌战略"延伸到哪里，海尔最佳信誉树到哪里。

质量是企业的生命，信誉是企业的灵魂，产品合格不是标准，用户满意才是目的。这是新理念下的企业信条。基于这个指导思想，海尔集团创新出"海尔国际星级服务"，把最好的产品与最好的服务给消费者。

要做到上述承诺，企业就必须搞好全方位品牌管理和整合。目前，每位品牌经理身处的环境都在变化，他们面对的挑战也越来越多。从许多方面看，传统品牌似乎都受到了严峻的威胁：创建和维持一个品牌的成本不断提高；顾客对品牌的忠诚及追随度在不断下降；零售商通过自有商标和厂家竞争，一些专卖店甚至创造了他们自身的"商店品牌"，试图在某些领域建立自己的地位。一些观察家甚至预言"产品品牌即将消失"。

我们不相信品牌会消失。但是，我们认为什么是品牌，以及如何最佳管理品牌的概念确实正在转变。创建一个强大的品牌比以往任何时候都困难，但同时它的发展潜力却可能更高。之所以困难，是因为创建品牌的传统技巧，例如广告，已变得越来越无效，但却越来越昂贵。之所以潜力更高，是因为那些能够运用创新策略建立品牌的公司，将来所得到的回报会更高。而那些不能创新的公司则会被逐渐淘汰出局。

第七章
物流整合：优化配置企业资源

  变化的时代，快节奏的市场，不断地为人们推出各种新观念、新技术、新途径、新方法。物流整合管理便是其一。

  物流是现代市场商品流通的重要内容和表现领域。物流是指物质实体从供应者向需要者的移动，它由一系列创造时间和空间效用的经济活动组成，是这些活动的统一和整合。物流整合，是从运动的和系统的观念认识物流过程、用科学合理的方式控制物流环节，其根本的目的，是使物流过程更简捷，方法更科学，企业和社会资源配置更优化。物流整合提高了生产效率，丰富了科学管理的内容。

一、物流与物流整合

没有了物质,也就没有了人类社会;没有了物流,也就没有了企业的经营管理活动。物流整合就是要优化物质实体从供应者向需要者的物理性移动。

1. 物流的含义与物流的作用

物流是个十分现代而又十分令人陌生的概念,由于它对商品生产、商品流通和商品消费的影响日益明显而越来越引起人们的注意。

物流一词源于国外,目前国内外的定义很多。笔者认为,所谓物流是指物质实体从供应者向需要者的物理性移动,它由一系列创造时间和空间效用的经济活动组成,包括运输(配送)、保管、包装、装卸、流通加工及物流信息处理等多项基本活动,是这些活动的统一。物流是商品流通的一个方面。

物流概念中的"物",广义地讲,指的是一切有经济意义的物质实体,即指商品生产、流通、消费的物质对象,它既包括有形的物又包括无形的物;既包括生产过程中的物资,如原材料、零部件、半成品及成品,又包括流通过程中的商品,还包括消费过程中的废弃物品。但在实际工作中,总是根据具体的物流范围来确定和理解物的含义,这是狭义的"物"的概念。

物流概念中的"流",指的是物质实体的定向移动,既包含空间位移,又包括时间延续。这里的"流"是一种经济活动。

完整的流通,应当包括两个方面。首先是价值的让渡,按照价值规律,生产者将其产品的所有权转移给消费者,这一过程是商流;其次是实体的转移,产品实体只有从生产者那里转移到消费者那里,才能最终实现其使用价值,这种物质实体的空间移动就是物流。

物流与商流的结合,构成了整个流通。

按广告上的说法,在电视直销这种销售方式中,要把看到的商品买回家,只需要拨个电话。实际上,这一购物(流通)过程就经历了商流和物流两个过程：拨电话订购商品是商流活动；将商品送到家则是物流过程。

物流，对于整个社会经济体系来讲，其作用与意义，绝不亚于梁柱构成的框架对于高楼大厦的价值。很难想象，在社会产品完全停滞的情况下，经济还能以正常的方式运行。

关于物流的作用，具体来说，可以从以下三个方面来认识。

(1) 服务商流

在商流活动中，商品所有权在购销合同签就的那一刻，便由供方转移到需方，而商品实体并没有因此而移动。除了非实物交割的期货交易，一般的商流都必须伴随相应的物流过程，即按照需方（购方）的需要将商品实体由供方（卖方）以适当方式、途径向需方转移。

在这整个流通过程中，物流实际上是以商流的后续者和服务者的姿态出现的。没有物流的服务作用，一般情况下，商流活动都会退化为一纸空文。

(2) 保障生产

从原材料的采购开始，便要求有相应的物流活动，将所采购的原材料到位，否则，整个生产过程便成了无米之炊；在生产的各工艺流程之间，也需要原材料、半成品的物流过程，实现生产的流动性。

就整个生产过程而言，实际上就是系列化了的物流活动。

合理化的物流，通过降低费用从而降低成本，优化库存结构从而减少资金占压，强化管理进而提高效率，达到促进整个社会经济水平提高的作用。

(3) 方便生活

实际上，生活的每一个环节，都有物流的存在。通过国际的运输，可以让世界名牌出现在不同肤色的人身上；通过先进的贮藏技术，可以让新鲜的果蔬在任何时令亮相；搬家公司周到的服务，可以让你轻松地乔迁新居；多种形式的行李托运业务，让人在旅途中尽情享受"两袖清风"的情趣……

没有了物质，就没有人类社会。没有了物流，也同样没有了人类。

所以，应**将物流的三个作用进行系统整合，使社会和企业资源实现了优化配置。**

2. 物流整合是优化资源配置的重要手段

物流整合就是以系统的观点看物流过程，用科学合理的方法控制物流环节，使物流过程更简捷、方法更科学、资源配置更优化。

物流整合在不同的经济组织内部是不同的，但不外乎是产品（商品）的产前、产中、产后的运输、储存、搬运、加工、配送等过程中的不断调整与优化。

物流整合是物流管理的中心任务——寻求物流系统各要素活动之间最佳的组合方式，从而使物流系统整体达到最优化。物流整合是优化资源配置的重要手段。

二、物流整合的系统化、共同化和最优化

1. 物流整合的系统化

物流活动中包装、运输、储存、装卸搬运、流通加工、配送等诸要素相互联系、相互制约、相互结合，共同组成了一个有机的整体——物流系统。

所谓系统就是由一个共同目标联系起来的许多相互依赖、相互作用的诸要素所组成的有机整体。系统中的每一个要素既有其特定的功能，又协调于系统整体之中，在系统功能的基础上开展各要素及其相互之间的活动，从而形成系统整体的有机活动，共同产生出新的总功能。一个复杂的系统，通常由若干个分系统组成，分系统又由更小的子系统组成，从而形成了系统的层次结构。

在企业经营大系统中，生产、物流、销售都是下一级的子系统，或称分系统，它们同是企业大系统的构成要素。它们之间的协调、优化需要从企业经营大系统优化的目标出发，在企业经营总目标下，经过多次协调来实现。这也正是物流服务水平要受到生产、销售系统的制约，以满足生

产、销售系统的需要为前提的原因所在。

作为企业经营大系统中的一个分支系统,物流系统是由商品包装、运输、储存、配送等子系统所组成。物流系统的共同目的是实现物流系统的合理化,为此,物流各子系统的活动必须从属于该系统目标。

作为一个系统,必须具备以下四方面的基本特征。

①集合性。一个系统至少是由二个或二个以上可以相互区别的要素或部分所组成。

②相关性。系统有机体中的各个要素或各个部分彼此是相互联系、相互作用的。其中某一个要素的变化会引起另一些要素相应地发生变化。相关性是系统最重要的特征之一,也是进行物流系统化问题研究和认识物流成本特性的关键所在。

③目的性。每一个系统都有其活动目标,都为了达到一定的目的。不具有共同目的的系统是不存在的。

④整体性。具有独立功能的各要素之间,必须统一和协调于系统整体之中。任何一个要素都不能离开整体去研究,要素间的联系和作用也不能脱离整体的协调去考虑,脱离了整体,要素的机能和要素间的作用就失去了意义。物流系统的各个要素虽然都具有各自特定的功能,但物流系统的整体功能并不是子系统功能的简单相加,而是通过系统要素间的协调、配合产生出新的整体功能——系统整体最优化。

任何一项活动要素的最优化都不能代表系统整体的最优化。**系统整体最优化是系统各要素间最佳组合的集中体现,也是对物流实行系统化管理的根本目的。**

物流系统化就是要把物流的包装、运输、储存、装卸搬运、流通加工、配送、物流信息这七种功能作为一个系统来构造、组织和管理,以使物流过程最优化,即以物流系统总成本最低来实现一定的物流服务。

因此,**物流管理实质上是对物流系统的管理**。物流管理的目的是总体效益最佳。通过协调物流服务与物流成本之间的关系,寻求两者之间最佳的平衡点;通过对物流系统各要素进行综合管理,寻找各种功能之间最佳的组合方式,取得最佳的经济效益。

作为企业经营大系统中的一个分支系统,物流系统的活动目标必须服从于企业经营大系统的总目标,即通过与生产、销售等其他分支系统之间的协调,保证企业经营总目标的实现。因此物流系统的服务水平,不是由物流系统本身决定的,而是由企业经营总目标所决定的,实质上最终还是由市场所决定的。

2. 物流整合的共同化

物流整合共同化是物流合理化的有效措施之一,是企业保持优势常在的至关重要的课题。

物流整合共同化是企业的横向联合、集约协调、求同存异和效益共享的一种现代企业管理方法,有利于发挥集团性竞争优势。

因为资源总是一定的和有限的,所以就存在一个把有限资源尽可能合理地分配给各个必需的企业部门的问题。这种分配的流向应考虑在适当的时间,提供给使用价值较大、效益高和有竞争实力的企业,达到有限资源在时间上的最佳分布并提高其总使用效果,实现总供给与总需求的动态平衡。影响这种分配的因素很多,其中物流状况如何是一个非常重要的因素,而共同化又是物流合理化的重要手段。

物流整合共同化可以极大地促使"物尽其用"和"货畅其流",这里的"物"泛指各种有限的资源,而"货"指的是商品。

所谓企业的有限资源泛指该企业的人、财、物、时间和信息,不单纯局限于有形的人、财、物。它们是企业管理的主要对象,是产生效益和组织再生产的基础,是影响企业发展的"瓶颈"所在。

我国企业当前面临的主要问题是资金不足、资源有限,而且企业之间拥有的资源不平等。如有的企业人员过剩、技术力量雄厚,而有的企业资金尚可,但缺乏人才……若采用共同化的物流管理,上述的一些企业横向集约联合,便可取得资源互用、效益共享之功效。

3. 物流整合的最优化

物流系统中各子系统的最优并不等于、也不能代替物流大系统本身的最优,要获得物流大系统的最优,就要以物流大系统的目标来协调所有子系统的活动。物流大系统的目标和经济性体现就是物流总成本最低。所以，只有把所有相关的物流成本放到同一场所，用"总成本"这一统一尺度来计算，从综合经济效益上衡量比较总的损益、得失、优劣、好坏，才能做出正确的决策。

物流管理的任务就在于对物流系统进行综合管理，寻求物流系统各要素活动之间最佳的组合方式，从而使系统整体达到最优化。

三、在流通渠道的改革中进行物流整合

货畅其流，流速要快，才能使商品的使用价值和价值迅速变换，由生产领域进入消费领域。流通渠道的新形式——配送成为物流整合的新生宠儿。

1. 传统流通渠道

流通渠道是商品使用价值和价值在其形态变换中由生产领域进入消费领域的路线。一方面，它是商品实体运动的渠道，在商品使用价值形态上联结着生产和消费，规定着商品流通的路线和方向，起着分配商品实体的作用；另一方面，它同时是商品作为一定价值运动的渠道，在商品价值形态变换中联结着生产和消费，不仅起着实现商品价值、再分配商品价值的作用，而且也可以起到再分配社会各阶段人员和各类组织的货币收入的作用。

2. 流通渠道的整合

从"重生产、轻流通"到重视流通，进而到"以流通启动生产"，流通日益显示出促进国民经济良性循环的巨大作用。随着改革的深入，流通观念在不断更新、深化，一个以多种经济成分、多种所有制形式和多种购销方式为主要特点的多渠道流通格局正在建立。它们使流通渠道得以拓展，流通内涵得以丰富，流通功能得以强化并完善，流通业的规模也日益扩大，各种形式的流通组织更增强了流通的实力，使流通效益显著提高。

从现阶段来看，整合后的流通渠道主要有如下特点。

(1) 直接流通渠道增加

即通过产需双方长期的固定协作关系建立起来的、没有中间经营环节的、商品从生产企业直接流向消费领域的渠道。主要是厂家直销和部分零售自采。

(2) 批发环节重组

传统的一、二、三级批发体系已经解体，小批发、批零兼营和各种类型批发市场、中心市场发展较快。

(3) 现代新型流通形式出现

该流通形式由各种服务公司、信托公司、贸易中心、配送中心等为生产企业和消费单位开展代购、代销、代储、代运和配送等服务性业务。

3. 配送对流通渠道的影响

作为流通领域的一种新形式，配送及配送中心实际上已经构筑了一条更为通畅的渠道。因其天然的诸多优势，逐步受到社会各方的关注。

配送是按用户的订货要求，在配送中心进行分货、配货工作，并将配好之货送交收货人的一种特殊送货形式。从事配送活动的专职流通企业——配送中心，它在全面配货的基础上，完全按用户要求（包括种类、品种搭配、数量、时间、地点等），将货物从配送中心一直送到用户的仓库、营业场所、车间乃至生产线的起点。

可见，**配送实质上是一种送货到户式的服务性供应，既是一种"门到门"的服务，又是一种现代化送货方式，是大生产、专业化分工在流通领域的反映**。配送完善了输送及整个物流系统，它将支线运输和小搬运统一过来，使输送过程得以优化，提高了末端物流的经济效益。配送使分散库存得以集中，通过集中库存的规模经济优势，企业单位存货成本下降，解放出大量储备资金，在加强调控能力的同时，实现企业的低库存或零库存。配送提高了企业生产的供应保证程度，这种保证不只是数量的保证，也是规格、品种等质量方面的保证，最大限度地满足了企业的生产需要。因此，**配送不只是一种服务性供应的工作方式，更是一种重要的流通渠道。

四、现代物流整合中的配送

整合的目的在于提高效率和效益。能够带来崭新的经济效益和社会效益的配送，成为当今时代的超级武器和现代物流整合的首选方式。

1. 配送及其作用

配送是运输，是物流，但是同时也有自己的特点。相对于整个物流系统而言，配送是系统的终端，是直接面对服务对象的部分。配送功能完成的质量及其达到的服务水平，直观而具体地体现了物流系统对需求的满足程度。

无论多么庞大、复杂的物流过程，最终与服务对象（或者称为物流服务需求者）"见面"的，就是那一小段配送。服务对象满意与否，也只是通过对这段配送的直观感受来评价——只有配送到达他手中的物品是他所需要的，并且在他所希望的时间里以他所希望的方式送达的，他才会认同整个物流过程。至于之前的运输是否混乱、库存是否合理、信息处理是否有效，他是不会去理会的。

如果此前的一切物流功能都被恰当地完成了，恰恰在配送上出了问题——不及时、不准确或质量不佳，没有能够满足服务对象的要求，结果会如何呢？

功亏一篑——还是古人说得实在。因此明智的物流管理者和决策者，绝对不会让这样的情况发生。

概括起来，配送具有以下几方面的作用。

● 准确、稳妥的配送活动，可以提高供应保证程度，减少生产和流通企业对于库存的需求，从而降低社会的总库存。

● 集中高效的配送活动，可以简化流通手续，提高物流系统效率，提高其服务水平。

● 合理、顺畅的配送活动，可以提高车辆利用率，从而降低物流成本，节约能源，减少污染，缓解大中城市的交通拥挤状况。

实践也证明了，**能够带来崭新的经济效益和社会效益的配送，是当今商战的超级武器。**

物流是一种产业，是一种不同于一般产业的服务性行业。它部分地是生产过程的延续，可以称之为半生产性行业。配送是物流的缩影，同样具有半生产性质。它所带来的效益绝不止于因提供令客户满意的配送服务而得到的报偿。

如前所述，合理、高效的配送对于节约社会能源（通过合理的工艺流程和运输调节来实现）、缓解城市交通拥挤状况（通过运输合理化和车辆的高效利用来实现）、减少环境污染（通过适当的运输包装和机械使用合理化来实现），都有着重要的意义。也就是说，配送通过以上诸方面效果的实现，额外地创造了巨大的社会效益。

2. 建设配送中心是大势所趋

在自由竞争的资本主义市场经济里，经济活动基本上是企业和私人行为。在不断的优胜劣汰过程中，配送中心这一现代的、先进的流通形式，在经受了考验之后，逐步为企业和政府所认同，并且受到积极的推广。

在中国计划经济条件下的商品供应体制被打破之后，流通企业结构与成分有了较大的变化。单一国有流通企业独霸天下的局面，逐步为国有、集体、个体、合资等多种经济成分共同参与的多元化流通格局所取代。

流通企业要在竞争日益激烈的流通市场上争一席之地，不进行一番深刻的变革是不行的。

中国商品流通领域的状况是：流通市场主导力量尚未形成，流通企业在数量上增长过快，但基本未形成规模，经营也多处于粗放状态，组织化程度和现代化水平都相当低；企业在多渠道、高消耗、低质量的情况下争夺商品流通资源；现代物流网络体系尚未形成，流通成本高，运输效率低，社会运力和交通能力未能合理、充分地利用，物流设施和物流专业技术人才的效用未得到充分发挥；现有流通体系根本适应不了商品大生产和大市场、大流通、大贸易的发展。

现代商品配送中心，是市场经济条件下，提高流通企业组织化程度、实现集约化经营、优化社会资源配置、创造规模效益、推进流通科技进

步、实现流通现代化的有效形式。**

实现物流产业化,大力发展建设现代商品配送中心,当是大势所趋。

3. 配送中心可产生的效益

对于效益的分析,人们往往习惯于从经济和社会这两个角度来进行。配送中心的效益,也可以采用这种惯例,按其创造的经济效益和社会效益来进行评价。

如果换一个角度,从微观(企业)和宏观(国家经济和社会生活)两方面来分析,配送中心的效益中,宏观的部分将远远大于微观部分。这也许就是部分传统物流企业对于发展配送中心的积极性总是没有发展多种经营的积极性高的一个重要原因。

总的来说,配送中心的宏观效益最重要的一方面,就是大大减少了流通领域供需双方的接触次数——交易次数。

综合评价来看,**配送中心在减少流通中的交易次数的同时,也创造着诸多的宏观效益和微观效益。**

(1) 可产生规模效益

配送中心对多家厂商和客户起到中介作用,减少了供求之间的交易次数,相应地增加了交易批量。这样,在批量进货时,配送中心可获得优惠进价,并与客户分享这部分价格,使双方获利。

(2) 发挥专业化优势

建立配送中心后可以充分发挥物流业、销售业的专业化优势,可有效防止客户缺货和库存过多。同时可使配送中心对商品的维护和保养效果好于分散管理商品的企业。

(3) 有效控制商品质量

配送中心与多家厂商建立业务联系,对商品的质量控制和质量信息反馈都相对有效和迅速。

(4) 减少客户的库存

由于配送中心的服务,各客户(工厂或零售商等)都可以减少库存,甚至实现零库存,可为客户节约大量的库存资金占用,配送中心可与客户共享利润。

(5) 有效降低物流成本

配送中心的出现以及进一步发展的共同配送,对于物流成本的降低可以起到显著作用。

五、电子商务与物流

如果电子商务能够成为 21 世纪的商务工具,它将像杠杆一样撬起传统产业和新兴产业。那么,在这一过程中,现代物流产业将成为这个杠杆的支点。

世界上最大的网上书店——亚马逊网站可谓是电子商务领域的先锋,然而它也隐隐感到一个强有力对手的存在:零售业巨头沃尔玛也开始涉足网上销售,虽然沃尔玛只把它的网站当作信息浏览的窗口,并未大规模开展网上销售,但亚马逊已看到其最大的挑战来自于沃尔玛拥有遍布全球的由卫星通信联起的商品配送体系。尽管沃尔玛网上业务开展的时间比亚马逊晚了 3 年,但是沃尔玛网上商店的送货时间却比亚马逊早了许多,亚马逊意识到这个对手的可怕,立刻奋起直追,一改以零库存著称的商业作风,开始兴建大规模的贮物仓库,并在全球分设配送中心,用物流体系的完善来为自己的网上销售锦上添花。

正是信息技术的进步,才使人们更加意识到物流体系的重要,现代物流产业的发展也才被提上日程。

1. 电子商务时代物流的特点

电子商务时代的来临,给全球物流带来了新的发展,使物流具备了一系列新特点。

①信息化。电子商务时代,物流信息化是电子商务的必然要求。物流信息化表现为物流信息的商品化、物流信息收集的数据库化和代码化、物流信息处理的电子化和计算机化、物流信息传递的标准化和实时化、物

信息存储的数字化等。因此，条码技术（Bar Code）、数据库技术（Database）、电子订货系统（EOS：Electronic Ordering System）、电子数据交换（Electronic Data Interchange，EDI）、快速反应（Quick Response，QR）及有效的客户反映（Effective Customer Response，ECR）、企业资源计划（Enterprise Resource Planning，ERP）等技术与观念在我国的物流中将会得到普遍的应用。**信息化是一切的基础，没有物流的信息化，任何先进的技术设备都不可能应用于物流领域，信息技术及计算机技术在物流中的应用将会彻底改变世界物流的面貌。**

②自动化。自动化的基础是信息化，核心是机电一体化，外在表现是无人化，效果是省力化。另外，自动化还可以扩大物流作业能力、提高劳动生产率、减少物流作业的差错等。物流自动化的设施非常多，如条码/语音/射频自动识别系统、自动分拣系统、自动存取系统、自动导向车、货物自动跟踪系统等。这些设施在发达国家已普遍用于物流作业流程中，而我国由于物流业起步晚，发展水平低，自动化技术的普及还需要相当长的时间。

③网络化。物流领域网络化的基础也是信息化，这里指的网络化有两层含义：一是物流配送系统的计算机通信网络，包括物流配送中心与供应商或制造商的联系要通过计算机网络，另外与下游顾客之间的联系也要通过计算机网络通信，比如物流配送中心向供应商提出订单这个过程，就可以使用计算机通信方式，借助于增殖网（Value–Added Network，VAN）上的电子订货系统（EOS）和电子数据交换技术（EDI）来自动实现，物流配送中心通过计算机网络收集下游客户的订货的过程也可以自动完成；二是组织的网络化，即所谓的企业内部网（Intranet）。比如，台湾的电脑业在20世纪90年代创造出了"全球运筹式产销模式"，这种模式的基本点是按照客户订单组织生产，生产采取分散形式，即将全世界的电脑资源都利用起来，采取外包的形式将一台电脑的所有零部件、元器件、芯片外包给世界各地的制造商去生产，然后通过全球的物流网络将这些零部件、元器件和芯片发往同一个物流配送中心进行组装，由该物流配送中心将组装的电脑迅速发给订户。这一过程需要有高效的物流网络支持，而物流网络的基础就是信息、电脑网络。

物流的网络化是物流信息化的必然，是电子商务下物流活动的主要特征之一。20 世纪 90 年代，国际生产领域纷纷推出柔性制造系统（Flexible Manufacturing System，FMS）、计算机集成制造系统（Computer Integrated Manufacturing System，CIMS）、制造资源系统（Manufacturing Requirement Planning，MRP）、企业资源计划（ERP）以及供应链管理的概念和技术，这些概念和技术的实质是要将生产、流通进行集成，根据需求端的需求组织生产，安排物流活动。因此，柔性化的物流正是为适应生产、流通与消费的需求而发展起来的一种新型物流模式。这就要求物流配送中心要根据消费需求"多品种、小批量、多批次、短周期"的特色，灵活组织和实施物流作业。

另外，物流设施、商品包装的标准化，物流的社会化、共同化也都是电子商务下物流模式的新特点。

2. 电子商务时代物流业的发展趋势

电子商务时代，由于企业销售范围的扩大，企业和商业销售方式及最终消费者购买方式的转变，使得送货上门等业务成为一项极为重要的服务业务，促使了物流行业的兴起。物流行业成为能完整提供物流机能服务以及运输配送、仓储保管、分装包装、流通加工等以收取报偿的行业，其主要构成包括仓储企业、运输企业、装卸搬运、配送企业、流通加工业等。**信息化、全球化、多功能化和一流的服务水平，已成为电子商务下的物流企业追求的目标。**

六、社会物流整合——第三方物流

随着电子商务的兴起和发展，第三方物流也应运而生。第三方物流是整合传统物流的衍生物，是物流交易双方的部分或全部物流功能的外部服务提供者。

1. 第三方物流市场很大

相对于原来的仓库运输，现代物流如同一个生产车间或者叫生产线，是把原来分散经营的各个物流环节（包括仓储、运输等）系统化、集成化，对它们的功能进行整合提升，使之成为具有增值功能的网络体系。从国际上物流的发展过程来看，20 世纪 50 年代以前只有第三方仓储、第三方运输，50 年代以后，逐渐产生了第三方物流。现在，第三方物流已占主导地位，发挥着主要作用。

美国近 60% 的物流量是通过第三方业者来完成的，这个第三方业者包括了第三方仓储、第三方运输和第三方物流。日本则能达到 80% 左右，因为日本的商业企业和工业企业以及第三方物流企业之间的社会化配送是世界上做得最好的。

中国仓储协会对全国 450 家大中型工业企业进行调查，结果表明 45% 的企业将在未来一两年内选择新的物流商，其中 75% 的企业将选择新型的物流企业，而不是原来的仓储运输企业，并且 60% 的企业将把所有综合物流业务外包给新型的物流商，这个数字反映出第三方物流的市场需求相当可观。**中国的物流市场需求有多大，不取决于工商企业本身，而取决于第三方物流商的专业水平、提供能力及其运作质量。**

2. 第三方物流将形成一个产业

第三方物流这个词是从国外引进的，在国外简称叫作 3PL，也有人称之为物流集成商。现在，国外第三方物流的发展趋势有以下几个方面。

第一，市场特别需要物流集成商，它提供的是一个计算机接口，一个接触点，一份合同，一份集单，买卖双方把所有的交易手续都办完了，第三方物流就成为与货主联系的唯一的接触点。

第二，第三方物流的利润空间很大。第三方物流除了给第一方、第二方带来利润以外，自己也能赚到钱。如果利用更加严格的内部成本控制和更好的信息技术使用，提供一些增值服务，第三方物流就能赚取更多的利润。随着经济全球化，越来越多的厂商到国外去办厂，第三方物流也要跟着走，这样随着厂商的市场扩大，第三方物流的市场也跟着扩大。

第三，客户将更加依赖于第三方物流。因为第三方物流有现成的比客户自己做要好得多的物流解决方案，所以客户都非常愿意把物流外包出去，第三方物流和客户之间就构成一种不可以分割的供应链关系。

欧洲的第三方物流发展非常快。德国总的物流市场是 346 亿美元，交给第三方的是 80 多亿美元，占到德国总的物流市场份额的 23.33%。法国的比例比它稍微高一点，为 26.9%，英国达到 34.48%，意大利占 12.77%，西班牙占 18%，荷兰占 25%，比利时占 24.99%，奥地利占 18%，瑞士占 22%，丹麦占 20%，芬兰占 20%，爱尔兰占 24%，葡萄牙占 16%，希腊占 11%，卢森堡占 25%。算起来，欧共体国家第三方物流占整个物流市场的比重基本上在 10% 到 35% 之间。这些数字说明，国外第三方物流占的比例是比较大的。

　　近年大力发展起来的"COM 公司"，与第三方物流的合作关系比传统企业要更加紧密一些。如沃尔玛就用第三方为它的电子商务提供物流服务，这家公司建造了一个 100 万平方英尺的配送中心，专门为沃尔玛的电子商务提供具体的服务，内容包括订单管理、订货处理，以及订货的送货、仓储管理、一般的发运、另外付款的处理、客户的服务、退货的处理等。

第八章
市场整合：拓展企业发展空间

　　现代市场与企业的生存紧紧地连在了一起，企业提供产品以满足消费需要，企业的营销活动，构成了市场运动的主要内容。随着社会与时代的发展，当今的市场不再是经济活动的独立环节，而是连接企业与用户的纽带，是社会再生产的一个重要的组成部分。这种变化要求企业进行必要的市场整合。市场整合是将市场中有利于企业自身的各种要素进行合理搭配与组合，使之形成市场合力、形成企业市场竞争力的过程。市场整合是现代企业管理的发明创造，也是市场竞争的客观要求。

一、市场与市场整合

市场处在发展变化之中,企业只是适应市场是不够的,企业还应该开拓市场、创造市场,整合出有利于企业做大做强、持续发展的新市场。

1. 市场的含义与主要内容

对于市场的含义,有各种各样的说法。归纳起来,大致可分为两种:第一种,市场是指商品交换的场所。如农贸市场、超级市场、国内市场、国际市场,等等。第二种,市场是指在一定的地点、时间内各种商品或某一种商品的供求关系,如人们常说的某种商品的市场已经饱和,某种商品还有市场等。不难看出,以上两种说法都是从不同角度给市场下定义的。第一种说法强调了市场的地点和地域特征,而第二种说法强调了市场的数量特征。因此,这两种说法都不够全面,都没有能给市场规定一个比较完整的、准确的概念。

由于市场是和商品交换紧密联系在一起的,因此,**与商品交换相关的一些因素和活动,也就构成了市场的主要内容**。这些因素和活动主要有以下几点。

①商品交换的双方,即市场的参加者,包括他们的数量、社会地位、相互关系、参加市场的方式、经济实力以及由此而决定的商品供求关系等。

②市场的范围,即商品在某一地区、某个城市交换,或是在全国范围内交换,或是进入国际市场交换。

③商品交换的渠道和方式,如商品是通过直接渠道或是间接渠道销售,是自销或是由别人购销、包销、代销,等等。

④为了保证交换顺利进行的各种手段,如批发机构、商业网点、仓储设施、技术服务、交通运输、市场信息等;

⑤为了保证商品交换正常进行而设立的各种管理机构,如工商行政、商品检验、商品标准化、税务管理机构等。

从以上的分析可以看出,**市场不是社会再生产的独立环节,而是社会再生产的一个组成部分，它是连接企业和用户的桥梁，是企业实现再生产的条件。

2. 市场整合与市场整合意识

所谓市场整合就是将市场上一切有利于企业自身的有利条件、因素进行合理搭配、组合，使之形成市场合力的过程。可供市场整合的因素很多，而每一次整合活动只要抓住其中一两个主导因素进行有效整合，就能取得不凡效果。市场是企业经营活动的中心。企业的经营活动是一项以市场调研为起点，围绕着市场需求而充分展开，并最后在市场上得到检验与回报的系统工程。正因为如此，市场意识就成了企业家们必不可少的基本素质，有市场意识的企业经营者才能始终着眼于市场，时刻研究市场，随时抓住市场机遇，永远是市场的有心人。

有无市场意识，两者是大不相同的。例如，我们通常可以在一些报纸中看到，凡是某地区出了先进事迹，上了报，则过一段时间又常会有该地区的呼吁，请大家不要集中去参观，因当地已不堪承受众多参观考察者的重负。然而，有时情况也并不都是这样，虽然一哄而上的参观风并不应该赞同，但市场意识强的企业家们却从中抓到了新的机遇：来参观的人们不都同时也是消费者与义务宣传者吗？问题在于自己也要用市场经济的眼光与方式来办事。比如，看到来了大批的参观者要住、要吃、要购物、要娱乐，就借机会大力发展本地区各种相应的第三产业；参观者主要想来学习、取经，则专门培训了一批青年接待员，并用展览、录像、宣传小册子等市场手段，既服务了来者，又为当地作了大量的高效隐性广告；更主要的是抓住机会与各地各界人士交了朋友，而朋友也是生产力，这对今后的经济合作更是重大的收益。因而，来者越多，实际上越有利于当地的经济发展，问题主要在于有无市场意识。又如北方有一家著名的中药厂，在多种经营中办起了很有特色的药膳饭庄，并且还开办了海外药膳饭店分店，既挣了外汇，又建立了企业的宣传窗口，很有特色。那么这个好策略是谁的创造呢？它是出自美籍华人陈香梅女士的主意。陈香梅女士参观该厂时，受到了药膳特色餐的招待，当即提出药膳的市场价值问题，并建议合作经营走向世界，这才启发了该厂领导，决定开拓国内外的药膳市场。这就是市场意识。

市场整合意识具体包括市场开拓意识、市场细分意识及市场转移意识等方面。市场开拓意识即是善于主动、积极地去发现市场，创造市场，引导消费，开拓新的市场增长点。

二、企业市场整合的重要内容与方法

1. 对顾客需求情况进行调研

顾客的需求是每个产业和企业存在的理由，许多产业和企业都把满足顾客的利益作为自己的首要目标。因此，对顾客需求的调研非常重要。

（1）考察顾客需求的性质

要了解企业所属的产业面向哪些顾客，他们属于何种类型，有些什么特征，在购买商品时所期望得到的是什么，他们在地域上和行业上的分布状况如何（分散还是集中），他们购买本产业商品的稳定程度如何等。还要了解有无潜在顾客，他们尚未购买本产业的商品是由于什么原因，随着经济的发展、消费倾向的改变或竞争的推动，他们是否会来购买，他们是否在购买本产业商品的替代品等。

在同一市场上，每个顾客可能在需求方面各有特点，如有的注重性能质量，有的却注重价格。如对小轿车，有人要求高级豪华，有人要求适用价廉；在后一部分人中，有的（如年轻人）通常讲究外形、颜色、轻便，有的（如家庭用）则喜欢宽敞、实用、多装东西。又如机器设备，小企业购买时希望它结构简单，少出故障，出了故障能迅速得到维修服务，以及优惠的付款条件等；大企业购买时则更关心其质量、性能和功能多样化。顾客的需求及其注重点是变化的，因时间、地点和条件而变化。

可见，要确切掌握顾客的需求并非易事。在调研时，就应考虑如何适应顾客的多样化需求，如何适应需求的变化，如何利用顾客间的相互作用，这是适应顾客需求的三条标准。做好这些工作，就能发现潜在的市场机会，找到新的市场。

(2) 考察市场容量及其发展趋势

在考察市场容量时，必然联系到产业的市场供求形势，包括当时的供求状况和发展变化趋势。供求状况的基本类型有三种：供不应求、供求平衡、供过于求。特别应注意的是供过于求，说明产业现在已受到严重威胁。供求关系的变化趋势则有多种情况：从供不应求到供求平衡；从供求平衡到供过于求或供不应求；从供过于求到供求平衡；从供不应求到供过于求；等等。这取决于宏观环境因素和产业自身的变化，以及替代品和互补品的供求状况，必须细致分析。

2. 进行市场细分，找到市场的切入点

一个企业的能力终归是有限的，不可能满足整个大市场的需要，因此，市场细分是极其必要的。**市场细分，不仅能给企业分出新的机会，而且可以提高企业的应变能力。同时也有利于企业集中有限的资源切入目标市场，取得相对较大的经济效益**。在市场细分的条件下，企业可以集中全部资源，重点突破，成功的概率也将大大提高。

市场整合理论认为，市场的发展是无限的，而每个企业的能力是很有限的。所以说，任何企业或任何商品，都满足不了所有消费群体的全部需求。在日益细分化的市场中，一个企业或一种商品只能获得一小部分市场，满足一部分消费群体的某种需求。企业只有在对消费群体进行细分的基础上，才能选择适合本企业特长的服务对象，这样才能满足顾客的需求。

在市场上有着成千上万的顾客，他们的需求各异，但是在异中有同。**企业进行市场细分，就是要发现顾客在需求上的差异，然后把需求相同的顾客归为一类**。这样，就可以把市场划分为若干相同消费群体组成的市场。这些由相同的消费群体组成的市场之间的需求存在着明显的差别，而在每个细分之内，顾客需求的差别较小。由此可见，市场细分是在遵循求大同存小异的原则下进行的。

顾客需求的差异是市场细分的内在依据。只要存在两个以上的顾客，便可根据其需求、态度和购买行为的不同，进行市场细分。因此有人说：

"除非你只有一个顾客,只卖一个品种,否则就有市场细分问题"。同时,在正常的情况下,任何一个企业都不可能满足市场上所有顾客的需求。况且在市场竞争中,一个企业不可能在行销过程中都占绝对优势。为了有效地进行竞争,企业必须评价、选择并集中力量于最有效的市场,这便是市场细分的外在因素。所以,市场细分是生产企业选择适当的目标市场的重要依据,也是企业顺利实现经营目标的保证。

市场细分对企业经营具有如下意义与作用。

(1) 有利于企业发现新的市场机会

通过市场细分,企业可以对每个细分市场进行了解,掌握在不同市场中顾客的需求,从中发现各细分市场的购买者的满足程度,即哪些顾客需求已获得满足,哪些需求未满足。同时,分析和比较在不同细分市场中,竞争者的行销状况,着眼于未满足需求而竞争对手又较弱的细分市场,寻找有利的市场行销时机,开拓新市场。

(2) 有利于提高企业的应变能力

通过市场细分,明确了企业的服务对象,这样就比较容易了解顾客需求的变化情况,一旦市场情况发生变化,其情报就可以及时地反馈到企业的有关部门,便于企业及时调整生产和经营策略。

(3) 有利于企业集中资源,取得较大经济效益

因为企业面临的市场是非常广泛的,这个大市场的需求是形形色色的,而企业的人、财、物等资源却是有限的。因此,企业若想发挥这些有限资源的作用,必须在大市场中选定一个适合于本企业优势的目标市场。

(4) 有利于企业深入研究潜在需要,不断开发新产品

细分市场的结果使企业的目标更加明确,使企业的注意力集中在目标市场上,这样容易掌握顾客需求变化情况,不仅可以根据细分市场的现实需求组织生产,而且可发现顾客的潜在需求,开发新产品,以满足顾客不断变化的需求。

3. 分析市场机会，选定目标市场

每个企业都必须具备识别新的市场机会的能力，没有一家企业可以依赖目前的产品和市场而永远生存。复杂而多变的环境将带来各种新的机会和威胁。企业必须仔细分析其顾客和环境以避免威胁并利用机会。要想生存，企业必须不断寻求新机会来为顾客提供价值。

企业也许认为它们找不到什么机会，这种想法意味着企业无法战略性地思考自己是处于什么行业以及拥有哪些长处。事实上，每家企业都会面对许许多多机会。有些企业可以随意或系统化地寻找新的机会，有些企业只是通过随时注意市场的变化来寻找新构想，还有些企业则可能采取正式的方法来分析营销环境。对某一特定企业而言，并非所有的机会都能与之相适合。营销机会必须能适合企业的目标和资源。无线电话、传真机、高清晰度电视机和录像机、便携式电脑、家用卫星接收器都是很有吸引力的市场，但并非每一家企业都适合。因为并非每个企业都有生产销售这种高科技电子产品所需的专业技术、工业营销经验和专门的分销渠道。

事实上，在整个营销管理过程中，营销人员都需要有充分的信息可供利用。他们需要有关顾客及其购买决策的信息。管理者必须了解营销环境中的重要角色——竞争对手、供应商、中间商以及社会大众。他们必须知道影响公司和消费者的广泛环境力量——人口、经济、自然、技术、政治和文化等各个方面。营销信息系统评估营销经理的信息需求，然后从各种来源获取所需的信息。其来源包括内部记录、营销情报和营销研究。最后则把这些信息以适当的形式在适当的时间送给经理。

在分析市场机会的基础上，再选择目标市场。消费者的种类太多，而其需求的种类也各不相同。对某些细分市场而言，有些企业处于较有利的地位，而有的企业则处于劣势地位。每个企业都应研究整个市场，并选择比竞争对手更能满足顾客而且有利可图的细分市场。

为了确定目标市场，首先需要对细分市场进行需求的衡量与预测。

假设某公司正在考虑某种潜在新产品的可能市场，公司首先需仔细估计该市场及其各细分市场目前和未来的规模。要估计目前的市场规模，公司必须确认所有的竞争产品，估测其现有的销售额，并确定该市场是否

饱和。

市场未来的增长也同样重要，企业总是希望进入远景良好的市场。未来的增长率取决于喜爱该产品的某些特定年龄、收入团体的增长率。增长率也与环境的变化有关，诸如经济状况、犯罪率和生活方式的改变等。例如高级儿童玩具和服饰的未来市场，和目前的出生率、消费者收入趋势以及家庭生活方式变化有很大的关系。预测这些环境力量的未来趋势与冲击并不容易，公司的营销信息专家可运用复杂的技术来衡量及预测需求。

在评估各个细分市场后，公司可选择进入一个或多个细分市场。技术和资源较为有限的公司可能决定只服务一个或少数几个特定的细分市场。这种策略虽然限制了销售额，但却是非常有利可图的。公司也可以选择服务几个相关的细分市场，也许这些市场的顾客成分有所不同，但却有相同的基本需求。规模较大的公司可能决定提供完整的产品线来服务所有细分市场。

绝大多数公司以某一细分市场起家，一旦成功，便再加入新的细分市场。如本田公司、丰田公司和日产公司首先以小型经济车进入美国的汽车市场，然后再增加中等价格和高价位的汽车。大公司最终总是追求覆盖整个市场，它们都想成为其行业中的"通用汽车公司"。主导性公司通常会为不同的细分市场提供不同的产品。

4. 市场定位及其具体方法

企业一旦选定了目标市场，就要研究在目标市场上进行产品的市场定位。所谓市场定位，就是根据竞争者现有产品在市场上所处的位置，针对消费者或用户对该种产品某种特征或属性的重视程度，强有力地塑造出本企业产品与众不同的、给人印象鲜明的个性或形象，并把这种形象生动地传递给顾客，从而使产品在市场上确定适当的位置。

在定位其产品时，企业首先要确认定位所根据的可能竞争优势。要想获得竞争优势，企业必须为选定的目标市场提供较大的价值。企业产品可以定立比竞争者更低的价格，或者提供更多好处来支持其较高的价格。但如果企业将产品定位为提供较大的价值，就必须真正提供这种价值。因此，**有效的定位首先须真正把企业的营销贡献差异化，使其为消费者提供**

的价值比竞争者更大。

具体地说，市场定位有如下几种方法。

（1）根据产品的特色定位

某电机公司曾以东南亚别墅用户为目标市场，设计推出 ST 系列三相发电机。这种电机电力负荷量较大，符合当地用户习惯与汽车发动机配套的特殊要求，并且该产品表面光洁度高，外表漆上玫瑰红、翡翠绿、孔雀蓝等鲜艳颜色，深受别墅用户喜欢。公司以产品的这些特色广为宣传，在目标顾客中形成突出的形象，结果在东南亚市场获得极高的占有率。

（2）根据满足顾客某方面需求定位

企业在原有产品的基础上，为解决某些问题而设计新的产品，能满足消费者所追求的某方面的利益。例如：美国拍立得公司发明了一次成像照相机，满足要求快速一次成像消费者的要求；柯达公司发明了"傻瓜"机，自动调整光圈焦距，大大方便了不会操作复杂照相机的消费者。

（3）根据产品的专门用途定位

为了满足特殊消费者要求，将产品与服务定位，尤其得到人们的喜爱。同一类商品，按不同用途分类定位，如鞋子就有田径鞋、旅游鞋、登山鞋、时装鞋、轻便鞋等；按消费者身体状况，有为健全人提供的商品，也有为残疾人设计的商品。如"鸟眼商店"，专门出售经过训练的鹦鹉，为盲人指路，所以称为"鸟眼商店"；还有"六指商店"，专卖六指者的手套、袜子等。

（4）按用户种类定位

法国有一个制药厂，生产一种具有松弛肌肉和解热镇痛效能的药品。药厂针对不同用户做不同内容的宣传：法国人饮酒过量者较多，便宣传这种药品可以帮助酒后恢复体力；英国、美洲人最怕感冒，便说明此药可以治疗头疼感冒；芬兰滑雪运动盛行，便强调该药品有助于消除疲劳；在意大利胃病较多，便又再三解释药品的止疼功能。因此，这种本来并不复杂的药品便在不同市场上获得了最适宜的形象。

(5) 与同类竞争产品对比定位

这是与竞争对手产品相比较后进行的市场定位,有两种方式:一是迎头定位,即与竞争对手对着干,如百事可乐的市场定位是对着可口可乐而言;二是避强定位,即避开竞争强手,另辟蹊径,占领被竞争者忽略的某一个空隙,突出宣传本产品在某一方面的特色。

(6) 按产品的等级分类定位

世界上一些服装品牌常采用这种定位策略,特别是一些刚推出的新品牌为迅速占领市场经常采用等级分类定位。

如果仅仅定位于高消费人群,由于这个群体的顾客数量小,则很难在市场上推广新品牌。于是,这些服饰新品牌通常生产多种档次的服装:高档服装定位于高消费人群,而中档服装则面向广大普通消费者,由此迅速在市场上推广开新的品牌。

第九章
营销整合：抢占市场制高点

　　营销整合是企业根据市场环境的变化及时进行动态修正，把各种有利、有效的营销条件、工具和手段进行系统化组合，以市场为调节方式，以价值为联系方式，以互动为行为方式，促使供需双方在交换中实现价值增值的创新的营销模式。营销整合是现代企业面对复杂多变的市场环境所采取的一种最有效的选择。当代成功企业在市场竞争中，无一例外都采取了营销整合的模式。

一、营销与营销整合

营销不是销售,而是整个企业的活动。企业的使命就是转动营销魔方,进行营销整合;目的是达到既最优化地占领市场,又最大化地获得利润的双赢局面。

1. 营销的含义与本质

营销是个人和集体通过创造、提供并同他人交换产品价值,以获得其所需所欲之物的一种社会的管理过程。这就是说,**营销是以满足人类各种需要和欲望为目的,通过市场现实交换实现目的价值的活动总称**。这一定义高度概括了营销的本质,基本上得到了理论界的认可。但它只是界定了"是什么"的问题,而没有描述"如何做",因此不少营销学家便在"营销"前加以界定,把抽象的营销定义具体化为可操作的营销方法,如绿色营销、关系营销、服务营销、文化营销、网络营销、全球营销、定制营销、社会营销等等。因此,我们可以把营销看成是一种普遍性的过程,它最终是以一些具体属性表现出来,正如马总归表现为白马、红马、黑马等具有不同颜色的马,没有抽象、虚无缥缈的"马"一样。

从这一意义上讲,提出的营销整合是对营销行为的具体化,操作化,但与绿色营销、服务营销等稍有区别,整合本身又是一个抽象的概念。这使得大家对营销整合的概念仁者见仁,智者见智,争论纷起。我们不想让读者在概念里绕来绕去,只是想从实践上给读者一个清晰的思路,而让读者根据这个思路进行再创造。

2. 营销整合的含义及其观念要求

营销整合是一种通过对各种营销工具和手段的系统化结合,根据环境进行即时性动态修正,以使交换双方在交换中实现价值增值的营销理论与营销方法。**营销整合以市场为调节方式,以价值为联系方式,以互动为行为方式,是现代企业面对动态复杂环境的有效选择。**

1950年尼尔·鲍顿采用的"市场营销组合"概念是营销学发展的一个

里程碑，他强调将营销中的各种要素组合起来的重要性。在这一点上，营销整合与营销组合是一脉相承的，前者更强调各种要素之间的相互关联，并要使它们有机统一成整体。

营销整合是一种系统化的营销方法，具有自身的指导理念、分析方法、思维模式和运作方式，是对抽象的、共性的营销的具体化、个性化，是挑战营销环境的工具，因此营销整合是对营销组合的升华和理性化，使之更成体系。

营销的终极战场是顾客，一切营销活动必须从顾客需求出发，并为创造最大顾客价值整合所有有关的活动和要素。

营销各层次职能的细化和拆零，造成内耗，彼此之间缺乏沟通和资源共享，使营销绩效乃至企业绩效降低。即使在市场营销观念指导下，从消费者需求出发，不进行整合、也不能很好地实现消费者需求。

营销整合观念首先强调，营销必须与其他公司要素进行整合、协调。正如彼得·德鲁克所言：**市场营销是如此基本，以至不能把它看成是一个单独的职能，从它的最终结果看，也就是从顾客的观点来看，市场营销是整个企业活动。**

营销组合变量不仅相互之间有影响，而且与公司的非营销变量也相互有联系。日本公司对营销变量与非营销变量之间的关系问题非常关注。产品价格取决于该公司的生产能力，而生产能力又受到人事政策以及投资决策的影响。同时，产品质量受到生产的可靠性和技术的影响，而它们又受到人事管理以及研究和开发投资的影响。因此，营销人员不应只看到价格与产品的必然联系（营销变量之间），而且，还应注意那些非营销变量的影响，非营销变量可以使公司降低成本，生产更优质的产品。

营销整合观念认为，营销组合各变量之间是相互影响的，而且要素（变量）之间的关系，不是简单的加合关系。营销变量之间有整合正效应，也有负效应。营销整合要求要素之间的协同作用是正的，从而使营销绩效最大化。

营销变量不是简单的加合关系，相互之间的作用关系比较复杂。据研究：较高的广告开支会使消费者对价格的敏感性下降，因此，希望高价销售产品的公司应该在广告上花费较多。广告开支对低价产品的销售影响比高价产品大。较高的广告费用会导致销售总成本的下降；销售前的广告开支会使顾客和销售代表容易成交；较高的产品质量可以不成比例地提高售价；较高的价格会引导购买者认为产品质量较高；较紧的信贷条件要求花费更多的销售和广告努力，才能售出同样数量的商品。

另外，营销作为企业最重要的职能，其直接作用目标是顾客。消费者心理是非常复杂的。这使得营销活动——如何赢得顾客，成为最具挑战性的工作。例如，人们单纯听到事物只能记住 10%，单纯看到记住 35%，而同时听到和看到的事物都能记住 65%。如何让消费者同时能听到看到一致的信息，在众多竞争者传播的信息中，对消费者产生最大影响，是比较重要而又比较困难的事情。

总之，营销整合就是从顾客需求出发，以业务流程为中心，在满足需求的同时，最大限度地实现企业目标的双赢营销模式。

二、营销队伍的整合

营销队伍是公司与顾客之间的纽带。对许多顾客来说营销队伍是公司的象征，反过来，营销队伍又从顾客那里给公司带回许多有关顾客的有用信息。因而，**对于营销队伍的整合，是营销整合的重中之重。**

1. 营销队伍的目标

企业必须仔细地确定它们期望营销队伍要达到的特定目标，老的观念是营销队伍应该"销售，销售，再销售"。比如在 IBM 公司，营销人员是"推销金属制品"，而施乐是"出售盒子"。后来观念发生了变化，营销人员应该有解决顾客问题的技术，他们应该知道怎样分析顾客的问题和提出解决的方案。

一些行业开始坚持营销队伍要参与"承诺推销"。在这种观念下，营销人员一开始并不是销售特定的产品或解决一个问题，他们向预期客户展示他们的公司能帮助客户提高盈利率，他们力求使自己的公司与客户公司成为"分享利润的合伙人"。

营销人员一般执行下述一个或几个特定的任务。

- 寻找客户：营销人员负责寻找新客户或主要客户。
- 设定目标：营销人员决定怎样在寻找工作和客户之间分享有限的时间。
- 信息传播：营销人员应熟练地将公司产品和服务的信息传递出去。
- 推销产品：营销人员要懂得"推销术"这门艺术——与客户接洽、向客户出样报价、回答客户的疑问并达成交易。
- 提供服务：营销人员要为顾客提供各种服务——对顾客所有问题提供咨询意见、给予技术帮助、安排资金融通、加速交货。
- 收集信息：营销人员要进行市场调查和情报工作，并认真地写访问报告。
- 分配产品：营销人员要对顾客的信誉做出评价，并在产品稀缺时将稀缺产品分配给顾客。

许多企业对其营销队伍的目标和活动都有比较明确的规定，如对营销人员就有这样的要求：把80%的时间花在现有客户身上，20%的时间花在潜在顾客身上；85%的时间用于推销既有产品，15%的时间推销新产品。如果企业不规定这样的比例，那么，营销代表很可能会把大部分时间花在向现有顾客推销既有产品上，因而忽略新产品和新客户方面的工作。

营销人员的工作任务组合因经济状况的不同而不同。 在产品短缺时期，许多行业的营销代表认为，他们没有东西可以出售，于是某些观察家匆匆得出了结论，认为营销代表是多余的，可以取消。然而这种观点忽略了营销员的另外一些作用——分配产品，劝慰不满意的顾客，将公司补救产品短缺计划的信息传递给顾客，推销那些公司在供应上并不短缺的其他产品。

2. 营销队伍的策略

各企业为获得客户的订单而互相竞争，因此必须策略地充分运用其营销队伍，在适当的时间以适当的方式访问恰当的顾客，营销代表与客户接洽可有以下几种方式。

- 营销代表与顾客：一名营销人员亲自或通过电话和潜在顾客或现有

顾客交谈。
- 营销代表对一群购买者：一名营销代表向客户采购组介绍产品。
- 销售小组对一群购买者：一个销售小组（例如公司职员、营销代表和销售工程师）向一个客户采购组展示并介绍产品；
- 推销会议：营销代表和公司参谋人员同一个或几个顾客讨论存在的问题和相互的机会。
- 推销研讨会：公司一组人员向买主单位的技术人员讲述有关产品技术的发展状况。

企业一旦明确了推销方法，便可使用专职营销员或聘请契约营销员。 一个直接营销队伍由专门为企业推销的全日制或非全日制营销员组成。这个营销员小组包括在办公室利用电话处理业务和接受潜在买主访问的内部营销员以及亲自旅行并访问顾客的现场营销员。契约式营销员包括制造商、营销代表、销售代理商和经纪人，他们根据达到的销售额收取一定的佣金。

3. 建立营销队伍的激励机制

销售在企业里是绝对的一线，分配政策要向一线倾斜，决不可再搞平均主义的大锅饭。许多企业，将销售人员的收入、销售费用完全与销售效益挂钩，经实践证明大都是行之有效的。

销售激励机制的目的：一方面在于调动销售人员的积极性，另一方面也在于保护企业的正当权益。建立销售机制应该注意以下要点：不但要从物质利益上合理地激发销售人员的积极性，还可以在考核销售水平后推行"等级销售员"、"销售工程师"等企业职称，评选"销售状元"等方法进行激励，并切实关心与解决销售人员出差多而引起的家庭矛盾；对销售人员的奖惩措施还应与回款率挂钩，以促进资金流动，减少三角债（在对外销售合同上也必须有对于拖欠货款加收资金占用费的违约罚款条款）等；除激励机制外，还必须同时有对销售人员的约束机制，对于不合格的销售人员，应在"黄牌"警告后，有合理的淘汰制度，并通过招考而补充更新；企业与每个销售人员必须签订保守商业秘密的合同，对于销售人员的流动，应有不允许带走企业的商业秘密与销售渠道等方面的条款。

具体的销售激励机制则必须从企业的实际情况出发，可先制订试行机制，再在实践中加以修订，逐步建成合理的企业销售激励机制。

三、营销整合的基本策略

1. 培养顾客的品牌忠诚

顾客，是企业赖以生存的基础，是营销整合策略得以实施的载体。只有依靠顾客，才能实现营销整合的目标。因为顾客对营销而言，是最重要的依赖对象。

忠诚营销是为企业发展忠诚顾客的策划过程，发展忠诚顾客的获利率往往高于企业的其他业务活动。品牌忠诚者的市场是一个在买主中占很高百分比的市场，在一个品牌忠诚者市场中推销商品的企业，要想获得更多的市场份额很困难，而要进入这样一个市场的企业，也得经历一段艰难时期。

为了培养顾客的品牌忠诚，企业应进行品牌忠诚分析。

①研究坚定忠诚者的特征，确定产品战略。高露洁公司发现它的坚定忠诚者多数是中产阶级、子女众多以及注重身体健康的人，这为高露洁公司准确地确定了目标市场。

②研究中度忠诚者，确认最有竞争性品牌。如果许多购买高露洁的买主，同时也购买佳洁士牌，高露洁则可设法改进它的定位来与佳洁士牌抗争，或者采用两种品牌直接进行比较的广告。

③考察品牌转移，了解营销的薄弱环节。对于多变者，如果他们的人数正在增加，公司可以通过变换销售方式来吸引他们，然而，要吸引他们是不容易的。

需要留心的是，品牌忠诚者购买模式的出现也可能反映出习惯、无差异性、低价、高转换成本或对其他品牌的不适用性。因此，公司必须仔细地分析不同的购买形式的后面究竟是什么，必须确定用户是否是属于忠诚者、多变者或新顾客，进而根据这些现象灵活地开展营销活动。

每一时期的销售，基本上来自两种顾客群：新顾客和老顾客。因此，保持顾客比吸引顾客更加重要。保持顾客的关键是使顾客满意，一个高度满意的顾客会对企业忠诚更久。

当一个企业认识到一个忠诚的顾客在几年内可使企业增加巨大收益这一事实,就不会在小事上使顾客委屈或同顾客争吵,从而得罪甚至失去一个顾客。维持一个旧顾客是一项重要的营销活动,它的成本通常比吸引一个新顾客要低。企业应该向顾客提供以下的承诺：所有的产品保证在各方面给予100%的满意；购买的任何东西如果证实不好,随时可以退回；只要你愿意,可以替换或退回你购买的东西或现金,或将退款计入你的信用卡的贷方。

2. 用服务组合留住顾客

管理学大师西奥多·李维特说："世上并没有所谓的服务业。只不过某些行业所提供服务多于或少于其他行业。其实,我们每个人都在提供服务和享受服务。"

现代社会,服务已成为主体,即使是以产品为基础的公司也必须向顾客提供和经营服务组合。事实上,服务组合在争取顾客和留住顾客方面,比产品本身更重要。许多公司根据产品业务开展了相关的服务,有些时候,这些服务比公司的产品业务发展得更快,盈利也更多。

例如,IBM公司提出："IBM不是销售产品,而是销售问题的解答。"IBM认为购买它公司电脑的用户是他们的业务伙伴,其销售的成功在于：对潜在客户作深入了解；洞察客户的问题所在；为客户设计一套合理的解决之道,然后共享胜利的果实。IBM实际上是把产品包装成解决问题的组合包,用服务组合来争取顾客和留住顾客。

3. 产品开发的整合

任何产品都存在产品生命周期,都会因为竞争者的加入或替代品的出现渐渐丧失市场份额和利润。出于企业生存、进而维持和壮大竞争力的目的,企业必须要进行产品开发。

产品开发中的难点是存在各种不确定性,因此,需要进行产品开发的整合。

(1) 确认资源优势，运用系统化

在产品开发之前，确认企业优势十分重要。企业需要明确自身究竟能满足用户的何种需求，满足需求的方式是什么，以及使本企业产品不同于其他同类产品的优势在哪里。企业的优势可能是其设备、服务人员、服务供应地点等有形化的要素，也可能是特色化的服务组合、高质量服务水平、亲切的服务态度、独有的气氛等难以有形的要素。发现和确认这些优势，并利用到产品开发中去，可以有效降低开发风险。

(2) 追踪需求链，将需求适度断化、量化和有形化

马洛斯认为需求具有层次性，而且在低层次需求得到满足的情况下才能产生更高层次的需求。顾客需求难以确认的原因之一就是需求是链状层次的，发现了这种需求的链状层次，就可以通过"分"与"合"的思路开发出新的服务产品。"分"即是将需求链适当断化，断化的结果是企业可以关注于特定需求，从而使服务产品易于量化和有形化。依需求链向上或向下取需求段，则可以产生相互关联的系列化服务，这种需求链上不同位置的服务产品的相连，就是"合"的思路。结合企业优势的"分"与"合"的思路整合也充满新的产品创意，如大型体育馆，最初只对专业运动员和比赛开放，在此基础上向社会开放，为人们提供体育锻炼的场所，在满足人们休闲、消遣的需求之后，针对科学健康的需求，体育馆可以增设体育教练和科学锻炼顾问的服务，最终还可能为有共同体育兴趣爱好的人提供俱乐部式的场所和组织服务，满足团队归属需求。

(3) 产品开发与销售、管理、人员培训的整合

服务在产品开发中必须注意同战略、营销推广等企业功能的整合。销售、管理、人员培训同产品开发关系十分密切。

人员培训在很大程度上决定了产品在顾客中的形象，直接影响推广效果。产品生产中人的参与性比实体产品要大得多。改变大批销售人员的服务思想、行为方式远比改变某条生产线的难度要大，而且当一种服务产品被证明是成功之时，最难以克服的瓶颈要素就是人员。产品递送系统可以通过销售地点的增设、销售设备的追加而延伸，但是若没有足够的训练有

素的人员，就难以保证产品的质量。曾名噪一时的美国人民捷运航空公司，就是因为在服务扩大中无法保证追加训练有素的服务人员，最终因服务质量下降而引发经营危机的。

产品的质量，尤其是其无形部分的质量，来自于对服务人员的管理。在产品创新中，管理也很有可能发生较大改变，加之管理改变所需时间较长，所以产品开发与管理设计和推广要同时进行。

四、整合传播是营销整合的重要环节

整合传播在于把传播的目标焦点置于消费者。深入到人性之深处，倾听消费者的心声，始终把整合之锋对准消费者心灵深处的种种情结，收到"勾魂摄魄，为我倾倒"之效。

1. 整合传播的中心在于沟通

整合传播一直是业界谈论营销传播趋势的主流话题。许多大型广告代理商都纷纷成立或购并不同的公司，以便提供客户相关的传播技能服务，如公众关系、直效营销、促销活动、活动营销，或视觉管理等。虽然每种传播服务的市场需求大小不一，但每家公司对引进国外知识、累积本地市场经验、培育线上人员都不遗余力，这对整个营销传播业而言，未尝不是一件百年树人的好事。

营销过程中的每一个环节都在与消费者沟通，让消费者了解这项产品的价值，以及它是为什么样的人而设计。众所周知，广告、公关、促销、直效营销等，都是不同形式的沟通、传播，但是不要忘了，店内商品陈列，店头促销及为产品做的零售店头广告等也算是传播，都属于整个流程中的一环。甚至当产品售出之后，售后服务也是一种传播。总之，营销即传播，传播即营销，二者密不可分。因此，正确、适时地整合所有的营销讯息非常重要。

整合营销传播的企划模式和传统营销沟通企划模式最大的不同，在于整合营销传播是将整个企划的焦点置于消费者、潜在消费者身上，而不是放在公司的目标营业额或目标利润上。我们把营销目标放在整合营销传播

企划模式的下半段，因为我们相信，所有的厂商、营销组织，无论是在销售量或是利润上的成果，完全依赖消费者的购买行动。这些消费者的行为是决定厂商成功与否的主要因素，而不是厂商多么精明或是他手上握有多少资源。今日的市场已非熟练的营销经理所能摆布，面对市场激烈的竞争，为了能取得的有众多资讯的消费者，营销组织唯有服务顾客方能立于不败。

在我们的传播沟通管理方法中，我们很清楚地描述了传播的目标以及我们期待的接触者反应。在大多数的案例中，我们试图使传播目标与某些行为产生关联，该目标可以是消费者行为的显著变化，也可以是消费者或潜在消费者心中品牌网络的改变。

而后，我们根据传播目标，为整合营销传播计划制定明确的营销目标。对大多数企业来说，营销目标必须非常明确，同时在本质上也必须是数字化的目标。一旦营销目标确定之后，下一步就是决定要用什么营销工具来完成此一目标。显而易见，如果我们将产品、通路、价格都视为是和消费者沟通的要素，那么整合营销传播企划人员将拥有相当多样广泛的营销工具来完成企划，其关键在于哪些工具、哪种结合最能够协助他达成营销传播目标。最后一个步骤是，选择有助于达成传播目标的战术。这里所用的传播手段有很多，除了我们已讨论过的营销战术如广告、促销活动、直销、公关及事件营销以外，事实上店头促销活动、商品展示、产品包装等，**只要能协助达成营销及传播目标的，都是传播利器。**

整合营销传播最重要就是各种形式的传播手段。它们都可以用来完成我们所设定的传播目标，并且由于传播目标是由我们改变、修正、强化、由消费者行为所主导的，只有依循此目标，各种传播手段才不会误入歧途，也不会无助于传播目标的达成。同时，我们也将营销转化成传播，将传播转化成营销（这二者之间的界限变得很模糊），我们与消费者间凿了一道绵绵不绝的沟通之河流。

今日的消费者不仅被众多的品牌所迷惑，也因此感到厌烦，而五光十色、通俗大众化的电视节目更加深了这种不满。所以今日许许多多的讯息既不能说服消费者，也不能打动他们的心。之所以如此，是因为大部分的厂商传播给消费者的讯息都混杂不一。譬如广告传达一种讯息，促销活动却传达了另一种讯息，甚至产品标签上的内容与销售人员的说辞完全相异，这样的后果是由生产者导向的遗毒所致：厂商漠视消费者的需要，反而依据自己经常变动的愿望，不时创造混杂、无法相容的讯息传播。现在这个品牌势均力敌时代，将是消费者发令、厂商听命的时代，因此整合营销传播日益重要。

如果能实实在在做好发展传播策略的准备工作，则可以开发出非常犀利、极具说服力的整合性讯息，进而发展出有别于竞争者的独特品牌及品牌个性。当传播策略正确时，依据策略所研拟出来的整合性讯息，就仿佛与消费者进行一对一的沟通，因此更能打动消费者。整合营销传播是有效的，但是前提是必须充分了解消费者，同时必须深具创意。

整合传播对营销组织内各个部门而言，传播策略是进行沟通活动时不可或缺的要素。因其销售人员从各自不同的角度与消费者沟通时，能统一口径，有齐一的品牌个性、消费者利益点和销售创意，所以每一个由整合传播策略导出的传播战术，都能强化消费者对我们产品利益的信任。

策略的重要性显而易见，它是整合所有与产品销售有关的人和事的关键。传播策略也能协助解除公司内不同部门间的障碍，消除诸如销售部门、物流、包装、促销、广告、顾客服务乃至研发等部门之间的藩篱，也能使整体传播计划整合而不松散。发展传播策略，最好由专人负责，而且他必须"补进"营销部门所有的功能，甚至动用公司最高执行者的力量。当整个销售活动顺利进行时，业主公司与在不同领域为其服务的各传播代理商之间的合作关系，将会既融洽又紧密。

简而言之，**整合传播的好处是，可以使得整个公司群策群力、有效率地回应消费者的需求**。因为如能明确消费者的需求，那么企业将会创造出极具煽动性的销售标语，并且这个销售标语能够清楚地与其他品牌区别，在消费者心中建立极具竞争力的认知价值。

2. 实施整合传播

整合不仅是指对已存在的东西按照现实的要求，在一定的战略指导下进行整理、合并，更包括多种沟通工具信息载体的整合。多种沟通工具的整合是指将广告、公共关系、销售促进人员推广、直效营销、反事件营销等技法整合使用，来提高信息传播的整体效应。多种信息载体的整合是指将电视、广播、报纸、杂志、因特网等媒介整合使用，形成整个沟通过程中的主体性综合感受，使信息在使用者脑海里留下难以磨灭的记忆。

(1) 营销整合企划

企业不论在什么样的情况下，选准和营造卖点都是极为重要的。所谓卖点，就是自己利益与顾客利益的最佳结合点。因此，在市场份额走到一定程度，市场细分确定的前提条件下要重新提升企业竞争力，就要选准和营造好的卖点，以求得自己与使用者的利益相契合。这种契合一方面要与竞争者有所差别，同时这种差别必须具有竞争性，最好是为品牌所独尊的。

消费者购买动机分析可以让我们对消费者的行为、思考方式有深刻了解。比如我们可以从中知道消费者如何认定冰箱这类产品的价值。整个调查应归纳成一句简洁的结论来阐述消费者购买动机，以清楚诱因在何处，产品的利益点是什么。这些问题唯有在客观测试了产品的实质，以及了解潜在消费者目前对产品的认知后，才能获得完整的解答。

消费者的利益点也许是建立在产品和产品物化属性的基础上，但二者并不等同。产品的物化属性是指该产品能起什么作用；而产品带给消费者的利益点是指该产品能给消费者带来什么好处、感受。

整合传播就是通过一些根据消费者需求所产生的沟通方式，为产品或服务建立起一种认知价值，并使产品在消费者心目中与竞争者的产品产生区别，塑造出品牌个性。总之，就是用消费者所喜欢的方式进行沟通，争夺更多的消费者。

什么东西最能冲击、震撼消费者的心灵？神经专家说："当刺激信号没有变化时，脑细胞停止反射活动。只有当刺激信号变化时才能引起反射。这种变化越是出人意料，反射也就是越强烈的。"相声的"包袱"，说书人的"关子"，悬念大师希区柯克的电影，金庸、梁羽生的武侠小说，那里边的"信号"真是变幻莫测，把人们的胃口都吊到喉咙上了。整合与说相声、写剧本、编小说的功夫，在本质上是相通的。海尔当初首创服务兵的概念，提供正规的优质售后服务，为中国消费者带来了很大的惊喜。现在国产冰箱的保修期多为一年，而有的企业承诺："一年包换，十年包修",这就是刺激信号的变化,是对家电服务概念的更新。

深入到人性深处去,倾听消费者的心声,始终把整合之锋对准心灵深处的种种情结,这就是整合"勾魂摄魄的"奥秘。

(2)良好的沟通才能产生信任

竞争性的利益点,即卖点营造完毕,下面的工作就是"毕其功于一役",将这种竞争性利益点有效地传播给使用者。这需要持续统一的努力,持续就是永远不要嫌沟通接触太多,促成乘数效应;统一就是统一口径于竞争性利益点。持续统一使我们沟通具有系统的整体效应和立体效应,能够达到最终的效果。

一个完美的整合传播策略是经常在修订的,因为消费者也一直在变。而由于我们自己的传播、竞争者的传播、其他非商业性的传播、新产品的出现,乃至消费者生活形态的改变等种种因素,都使得现行的策略及过去执行的传播战术,必须不断修正以符合最新的状况,所以说消费者主导策略毫不为过。

建立良好的朋友关系,展现我们对消费者的关心与了解,这是成功营销的精髓,也就是一些营销大师时常挂在嘴边的"消费者导向",但这样的名词还不足以深入说明整合传播。整合营销传播的核心是使消费者对品牌萌生信任,并且维系这种信任,使其长久存在消费者心中。然而,企业不能单单靠产品本身就建立这种信任,因许多产品实质上是相同的,而与消费者建立和谐、共鸣、对话、沟通的关系,才能使之脱颖而出。

整合传播像打篮球,各种营销传播工具如球场上的后卫、前锋、中锋,各司其职而且讲究战法,通过纯熟的默契配合,发挥大兵团的作战实力,才能实现营销目标。

首先,营销沟通者要充分了解目标听众中间哪些可能是未来的购买者,哪些是竞争品牌的使用者,哪些是购买决策者或影响者等等。信息的接收者即目标听众可能是一个人,也可能是一个群体。目标听众决定了信息发送者应当说什么(信息内容),怎么说(信息结构和形式),什么时候说(发送时间),在什么地方说(沟通渠道),由谁来说(信息来源)。

确定了目标听众后,还要确定沟通者所希求的反应是什么。当然,最好的反应是购买行为,但购买行为是消费者经过长时间决策过程的最后结果，在此之前要经过一系列的准备阶段。

选择好的信息发送者亦很重要，目标听众对信息的信任程度在很大程度上取决于他们对信息发送者的看法。因此，由可靠的发送者发出的信息，就有说服力。例如，药品由著名医师作广告最有说服力；由文艺或体育明星为产品做广告，比一般人更有吸引力。同时，要利用公众心中信誉较高的传播媒介。

持续统一的沟通过程中一定要贯彻双向沟通原则，即指沟通双方互相传递、互相理解的信息互动原则，因此必须及时地对沟通目标达成情况进行评估并及时反馈。反馈是使沟通得以持续的前提，企业必须及时捕捉目标听众对信息内容的意见和态度，从而为下一次沟通提供参考。

3. 传播媒介的多样化运用

在新兴媒体不断涌现的情况下，许多人对其持怀疑与排斥态度，而过于依赖传统的四大媒介，则不利于企业的长期发展。整合传播之所以被誉为超前意识，也与它在新兴媒体的运用方面与众不同有关。在市场的区域化、消费者的个性化趋势下，传统媒介越来越显得盲目而无力，而新兴媒体的多样化正好弥补了它的不足。各个企业只有根据自身的情况和需要选择和运用适合自己、效果最好的媒体，才能立于不败之地。

(1) 电脑媒体

电脑网络成为媒体的新焦点，电脑购物也逐渐形成为一种时尚。自从因特网在商界应用之后，不仅成为信息传播和输送的主干，更成为一种全球性的传播媒体。许多有先见之明的公司与企业早已在中心网址登载。消费者可以通过屏幕和鼠标购买，只要输入信用卡号，厂商便可立即收到订购单，通知发货并发账单至银行收款。电脑媒体是信息时代的产物，为日常生活提供了极大的便利，具有非常积极的社会效益。

(2) 电脑看板

这是一种由电脑控制，并通过专业程序设计来控制画面变化的媒体，可表现256种色阶，并产生立体、连续动画的效果。还可经由电脑同步连站与人工编辑及时播放信息，机动性很强，制作过程短，从客户提供资料到完成电脑脚本只需要一星期,可谓省时省力。如今正是广告媒体令人眼花缭乱的时代,唯有这种巨大的视觉媒体,才能令消费者"怦然心动",充分突出广告的信息。

(3) 录像购物

国际上有许多珠宝商和房地产公司,由于产品特性无法在短短的十几分钟内描述清楚,因而纷纷使用录影带来做宣传。他们在各个促销场所播放录影带,甚至将录影带赠送或邮寄给目标顾客,使顾客能在家中慢慢欣赏,然后再做购买决策。这种方式比较容易被消费者接受,效果很好。

(4) 电话、传真媒体

电话营销有紧迫盯人的效果,可以避免面对面的尴尬场面,但又可以互相交谈,拉近距离,好的电话营销可以通过电话销售许多产品和服务。以传真机传出商品信息的做法也是新招,只要定期将产品的最新信息、服务情况等以摘要形式向全世界传送,效果必出乎意料。这种方式最好的例子就是驰名全球的《广告时代》,追求创新的营销方式使它的销售量长盛不衰。而雅芳的化妆品、小康的服装刊物在我国大陆之所以能够一枝独秀,也得益于这两种营销方式。

(5) 汽车广告

包括汽车站广告和车体广告。车站上的灯箱、站牌,车上的喷漆和海报,都使得广告活跃在车潮人海之中。由于生活形态的改变,增加了现代人停留在户外的时间与机会,因而汽车广告这种高密度重复率与深入流动于群众之中的媒体特性,已充分显示出强劲的广告效果。

(6) 立体 POP(立体效应媒体)

近年来,由于消费者冲动性(非理性)购物行为越来越明显,因而店堂营销便愈显重要。立体 POP 最适合设置卖场,促成立即购买且成本低,是一种预算小而效益高的广告物。立体效应营销是指利用商店里的各种媒体进行营销,包括手推车、手提袋、员工制服、店内音乐、地面 POP 或购物指南等。

只要跃出传统的媒体限制,新鲜、有效的媒体将随处可见。而一旦与既有的资料相结合，就能找到最合适的受众，发掘出最大层面的消费群和潜在消费群，从而实现营销目标。

4. 营销手段的立体化

信息与网络发展突飞猛进，营销方式逐渐多样化，营销手段渐趋立体化，这为营销整合的实施创造了条件。

（1）充分运用网络手段

网络是结合信息与传播的最佳工具，它不但在通俗文化与商业文化中扮演着日益重要的角色，而且随着许多家庭电脑的联网，使得信息不仅能够共享而且可以进行一对一的沟通。网络是新式个人网络（发展的最终趋势）的前身，而明天的个人网络极可能整合国际网络的基本特征，成为集要素、图像、资料于一身的媒体"大整合"。各种软件在全球网络大公开，网上有千奇百怪的信息资料备用。网络代表着21世纪生活科技的一项重要试验，它的大量运用，催化着越来越多的新的想法、策划应运而生，并且提供了很富实验性的整合点子，而这正是未来营销成功的源泉。

（2）加强客户服务

结合了通信网络信息之后，对顾客（客户、消费者）的服务品质将大为提升。针对企业免费查询电话，提供电话费比较服务的项目已经崭露头角；通过各位顾客的登录，系统内设置了内容记录的功能，随时可以调出来加以累积与分类，并根据顾客的要求，提供适合某一类人的消费信息。

（3）为顾客订制物品

新科技的使用使任何物品的个性化制造能够根据顾客个人的喜好、习惯、身体情况来制作。比如一个顾客想买一条牛仔裤，首先进入专卖店量身，将尺码输入电脑，然后可以在接近自己的身体的几百款裤样中进行选择，挑好色系（漂白、原色、黑色、水洗、白色等等）。此时电脑将该顾客的信息编上号，将资料转入工厂，用电脑裁剪、缝制、完工、加条码，甚至可以加入一些个人的想法，他们会遵照顾客的要求做出一条完全适合顾客的牛仔裤。之后，顾客还可以根据这个号码直接订购，而不必再去店里量身、挑选,他们有新款也会将资料直接送到顾客家中,以供选择。这套系统不仅可用在成衣订制上,日用品、食品、家电等等都可以通过这套系统直接为消费者服务。虽然价格略微贵一点(目前如此,将来可不一定),但毕竟为繁忙的现代人提供了"称心如意"的商品,节约了时间,减少了麻烦,而这也正是整合营销以顾客为中心所做的事情之一。

(4) 强化视觉设计

未来信息的表现方式将非常依赖视觉设计。二维空间已不够使用,四维空间(传统的三维加上漫画式处理)将是未来的主流,它通过操纵复杂的录像创造虚拟空间,使信息变得有趣,以使消费者在接收和加工过程中有更好的效果。

第十章
顾客整合：培养持久忠诚客源

　　企业由于需求的存在、顾客的存在而得以生存，顾客便是企业的衣食父母。因此，每个企业都会竭尽全力将可以利用的资源，投注到为顾客服务上面来，以期持续不断地从中获取利润。企业在市场中的所有活动，目的都在于此。

　　顾客整合是整合管理的一个创新内容，是企业运用多种途径和手段，将不同类型的顾客吸引过来以达成交易的过程。整合的目的是扩大市场吸引力，促成更多的顾客购买本企业的产品，这也是一个包括质量、服务、广告等综合的系统工程。

一、顾客与顾客整合

没有顾客就没有市场，没有市场就没有企业生存发展的空间。顾客整合就是要把不同类型的顾客吸引聚合在自己企业的周围，形成忠诚的顾客群体，进而扩展生存发展空间。

1. 顾客的含义与价值

顾客是企业收入之源，员工薪水的最终支付者，只有顾客愿意一直上门购买，企业才会有源源不断的收入和利润。**失去顾客，企业将无法立足。**

企业与顾客关系的重要特点之一，是强烈的利益导向。之所以需要建立良好的顾客关系，是因为顾客依赖于企业为其提供产品或服务以满足某一需求；而企业则因顾客的购买和消费而实现销售和利润目标，两者可谓是"共存共荣"。其次，由于顾客之间存在着不同的利益需要和差异性，因而顾客关系的形成也有很大不同，可以依据规模、性别、年龄、职业等划分不同的顾客关系类型，这也是营销中市场细分的基础。对于复杂多样的顾客关系，必须有针对性地采取措施来进行协调。

顾客又有老顾客、小顾客、中青年顾客；男顾客、女顾客；个体顾客和团体顾客之分。**不论什么类型的顾客，对于厂家和商家都是至关重要的，都是必须认真对待的人。**我们通常所说的"顾客高于一切"，"顾客是厂家和商家的衣食父母"，"是给我们发工资的人"等等，都是指这一意思。

2. 顾客整合的含义与核心内容

顾客整合就是使用多种方法，将不同类型的顾客吸引过来以达成交易的过程。整合的目的是多吸引顾客，多达成交易。

在这一过程中，一般情况下顾客都始终占据主动地位，厂家或商家都处在被动地位。那么，厂家或商家如何采取某些措施，由被动变为主动呢？这就需要锤炼顾客整合的功夫了。

从消费者需求出发，满足消费者需求，这是顾客整合的核心内容。满足顾客需求或许是产业盈利的必要条件，但并非是充分条件。**竞争优势归根结底来源于企业为顾客创造的超过其成本的价值。**

以顾客忠诚度为标志的市场份额质量比市场份额的数量（规模）对利润有更大的影响。这要求企业将整合重点放在如何保留顾客问题上，而保留顾客最终落实到如何了解和建立顾客价值、如何提高顾客满意度与忠诚度上。

二、从顾客满意度看顾客整合的必要

顾客的满意度处在发展变化之中，不会一成不变的停留在原有的水平上，所以企业必须尽可能地满足顾客的需要。而要做到这一点，顾客整合就显得十分必要。

1. 顾客满意是顾客整合的目的

鉴于顾客对企业的特别重要的地位和作用，**"顾客满意"是企业营销中正确处理企业与顾客关系的基本原则。**被冠以"经营之神"之称号的松下幸之助坚定地认为，真正的顾客导向，是企业成功的关键。他要求其业务人员对自己的顾客名单必须掌握精确的统计数字，他常说："他们每天都要测量顾客的体温。"松下公司组织了严密的顾客俱乐部，随时了解顾客的需要和改进意见。顾客满意，就是要求企业一切为顾客着想，尽管顾客的类型相当复杂，要求也千差万别，但企业必须尽可能地满足顾客的需要。因而企业必须在认识上、政策上、目标上和行动上全面地贯彻这一营销理念。

①企业应当统一对"顾客满意"观念的认识。作为公共关系的主体，企业及其成员是否真正将顾客奉为上帝是建立良好的企业与顾客关系的关键所在。企业必须充分认识到顾客的重要性，而且这种认识应当是企业所有成员的共同认识，而非仅仅是公关人员或高层管理者的认识。只有全体成员都能正确地理解"顾客满意"，才能使企业在营销活动中真正贯彻这一理念。

②企业应当把"顾客满意"观念在企业的方针政策中予以规定。顾客满意通常被具体表述为"顾客总是对的""满足消费者的一切需要""向消费者提供及时、准确、礼貌、热情和周到的服务""即使顾客有无理行为,也要微笑服务",诸如此类。只有在企业政策中详加规定,才能切实保证将"顾客满意"转化为员工的具体行为。

③企业应当在"顾客满意"观念指导下制定行动的目标和计划。政策中的目标不是直接的行动目标,必须将目标分解,将"顾客满意"转化为行动的目标。一个完整的目标和计划体系进一步规定了企业内部成员对履行"顾客满意"的责任和任务,使其具有更明确的方向。

④企业应当在所有成员的行为活动中全面推行"顾客满意"原则。美国公共关系学家穆尔在其《公共关系学》一书中指出:"仅有政策说明是不够的,即使政策表现了管理部门为公众利益服务的内容,要使政策有意义,必须让它体现为适当的行动。"在企业公关过程中,管理者要做表率示范、指挥协调、统一步调,全体员工各司其职,使每一个具体行动都能体现出顾客满意的意识。

仅仅是顾客满意还不够,当出现更好的产品供应时,顾客就会更换供应商。在一项消费者商品种类的一览表中,44%宣称满意的消费者经常变换品牌,而那些十分满意的顾客却很少去改变购买。一项研究表明,75%的丰田产品购买者表示十分满意,而且这75%的顾客声称他们愿意再次购买丰田公司的产品。这一事实说明高度的满意能培养顾客对品牌乃至企业的情感吸引,而不仅仅是一种理性偏好,并且这将建立起高度的顾客忠诚。

2. 满足顾客价值期望的定量化

一个企业可以通过多种多样的经营活动向顾客提供价值。企业应当把满足顾客价值期望的良好努力定量化。在市场供应关系中,没有充分的信息传递,没有融洽的情感沟通,商品交换关系就难以建立,更难以稳定和持久。顾客化营销可以为顾客提供个性化的产品及服务,满足顾客的特殊需求。尽管顾客的类型相当复杂,要求也千差万别,但企业必须尽可能地满足顾客的需要。

奖励经常来光顾的顾客是增加他们的忠诚度的好办法。最好的顾客忠诚计划是努力获得更大的顾客份额，允许通过创造交互的环境发展关系。保留现有的顾客要胜于用大量的广告预算或间接的市场调查去争取新的顾客。增加顾客的转移成本是维系顾客的间接手段。对于那些能影响企业未来的主要顾客，必须制定直接、有效的管理计划。

三、根据顾客类别进行顾客整合

市场上没有相同的顾客，顾客是千差万别的。准确地了解不同类型顾客的不同需求，是进行顾客整合的前提。根据顾客类别进行顾客整合，就会发生日晕效应，扩大企业光环。

1. 顾客的分类

(1) 按时间划分

从时间角度考虑，顾客可分为以下三种类型。

①过去型顾客。这类顾客就是过去曾经购买过该企业产品的人，他们有的可能只购买一次，有的可能经常购买，有的可能因顺路而冲动式购买，有的可能是有计划购买。只要从前有过交易记录，即使不再上门，这些人仍是该企业的顾客。举例来说，你从前购买过宏碁电脑，但现在使用的是 IBM 或金长城，或其他品牌，你仍旧是宏碁电脑公司的顾客。

②现在型顾客。这类顾客就是指正在和某企业进行交易的人。即使是第一次，只要正在进行交易，不论是否成交，都是顾客。例如你想购买电脑，正在和四通电脑公司洽谈，不论成交与否，你都是四通的顾客。

③未来型顾客。这类顾客指将来有可能会购买的人。这个范围十分广泛。从儿童到老人都有可能在未来成为企业的购买者。以儿童为例，即使他只有五岁，也仅仅代表他现在可能不是顾客，却不能表示在未来的十年或二十年中，不会成为下一个购买者。同理，任何一个现在没有能力加入都会俱乐部的人，也不代表他将一贯如此，也许有一天会因条件成熟而成为顾客，至于这个"成熟条件"，会随着时间、地点以及个人的努力程度

而变化。所以，这些人当然都是广义的顾客。

（2）按所处位置划分

还有一种由学者提出，且为大众所普遍认同的分类方法。这种分类方法是依照顾客所处位置，把顾客分为两类。

①内部顾客。这类顾客指企业内部的从业人员、基层员工、主管甚至股东都包括在内。

由于符合顾客的定义，内部顾客上班时固然是企业内部从业人员，但在下班后，就是一般性的顾客了。

除此之外，企业内部在上对下、部门之间、上游对下游、母公司与子公司之间，都存在着类似企业与顾客之间的关系。更重要的是，**内部顾客是满足一般性（外部）顾客的根本人员，所以，对企业而言，他们是具有多重身份的群体，更是需要首先满足的群体。**

②外部顾客。外部顾客就是一般所惯称的"顾客"，基本上可以分为以下两类。

a. 显著型顾客。必须具备以下条件，才可以称得上是某种商品或某个企业的显著型顾客。一是具有足够的消费能力；二是对某种商品具有购买的需求；三是了解商品的信息和购买渠道；四是可以为从业者带来立即的收入，所以也是竞争企业所极力争取的消费群体。

家中的风扇、空调、冰箱，还有你手上的这本书，只要你已经买下来，就表示你已成为某企业的顾客。显著型顾客之所以重要，关键原因在于他们能立即为企业带来利益，是企业的衣食父母。

b. 隐藏型顾客。在显著型顾客之外，几乎所有顾客都是隐藏型顾客，隐藏型顾客具有以下特征：

- 目前预算不足，或不具消费行为能力；
- 可能拥有消费能力，但没有购买商品的需求；
- 可能具有消费能力，也可能具有购买商品的需求，但缺乏商品信息和购买渠道；
- 会随着环境、个人条件或需要的变化，而成为显著型顾客。

隐藏型顾客虽然不能为企业创造立即的收入，但不应被企业所忽略，因为一家企业的生存，固然要依靠即期上门购买的显著型顾客，若想长期立足，保持不败，还必须依靠为数众多的隐藏型顾客，使之在未来的岁月中，逐渐转变为显著型顾客，为企业注入源源不断的活水。

一般而言，显著型顾客重视的是效用与满足的问题，隐藏型顾客重视的是需要与满足的关系。

2. 对各类顾客整合以扩大客源

顾客想要得到的，不过是受到尊重，合适和愉快的感觉，或服务的便利快捷。正因如此，你才可以做出和上述完全不同的顾客服务系统，但形虽可变，髓却相同。只有找出顾客的最真实的本意，才能够设计出最适合的顾客服务系统。记住，一定要找出顾客的真实意图。

顾客之间存在着不同的利益需要和差异性，可以根据规模、性别、年龄、职业等划分不同的顾客关系类型。辨识消费者而且细分市场，对于考察企业的最终产品或服务的不同类型，寻找重要的结构或价值差异具有重要意义。产业市场由所有购买商品和劳务与将其进一步用于生产其他产品和劳务的企业组成。与消费者市场相比较而言，在产业市场中企业与顾客之间的关系更密切。组织市场上的顾客购买目的不是营利性质的，其购买行为与消费者市场和产业市场有很大不同。

准确地了解不同类型顾客的不同需求，是进行顾客整合的前提。摸准了不同顾客的不同需求，你的服务才能做到顾客的心窝上。对一种类型或一批顾客的服务做好了，就会发生日晕效应扩大企业光环，从而吸引更多的顾客接受你的服务。这样层层扩展，客源也就不断扩大。

四、根据顾客性别整合顾客

男人消费倾向明白，女人消费追求喜欢。男人和女人构成了顾客性别的全体，所以顾客整合要根据顾客的男女之别进行。

从消费对象来说，它不外是两种，一种是物的因素，一种是人的因素。关于物的因素，这里暂不作讨论，这里单独把人的因素抽取出来，分两个类别加以讨论，这两个类别是：

第一，明明白白先生意；第二，欢欢喜喜女人心。

前者专门讨论男性的消费心理对营销管理所起的作用，后者专门讨论女性的消费心理对营销管理所起的作用。男性和女性，构成了消费对象中人的因素的全体，所以，我们将分开作专门的阐述。首先我们阐述一下男性的消费心理对营销管理的影响和作用。

1. 根据男性的购买心理强化营销

现代消费心理学的研究成果表明，男性和女性在消费心理上是存在着明显差异的。那么，男性在消费心理上有什么特点呢？营销管理者应当如何利用这些消费心理来强化营销管理工作呢？

(1) 男性的购买动机

购买动机是营销管理工作中的重要研究课题。不同的购买动机可以产生不同的购买行动。一般来说，男性的购买动机在许多方面都不如女性那么强烈，那么积极主动，通常情形是：男性往往在需要的时候才去购买。"急来抱佛脚"是对大多数男性的说法。

(2) 男性的嗜好

男性的嗜好要比女性多，而且要更固执更强烈更持久。

在消费市场上，男性是烟、酒、茶、咖啡、饮料的主要消费者。尤其是烟酒二物，许多男性都对它嗜好成癖。

男性好动，对运动类商品，如球类、棋类、牌类都比较喜欢，这是男性的特点。在男性所购买的商品中，满足嗜好的商品占据了绝大多数。因此，营销管理在统筹协调货源时，应当充分考虑这一因素。

(3) 男性的决策心理

和女性不同，男性在购物时表现得比较自信、比较理智，这是男性的特点。男性在购买之前往往就已经物色好了购买对象，所以整个购买过程比较果断迅速。

男性的犹豫不决一般发生于实施购买行动之前，一旦成交，很少后悔。

（4）男性的价格心理

男性在购物时，往往重视商品的品质、功能，只要商品合意合用，往往不在乎价格的高低，不太斤斤计较，更不愿做过多过久的讨价还价。

（5）男性的求便心理

随遇而安是人类的通性，这在男性身上表现得更加突出。在购物方面，男性的求便心理要比女性突出许多。比如——男性在购买小商品时往往喜欢在居住地附近购买，而且喜欢一次性购买，希望一次能将所需要的商品都能买到。这便是求便心理的具体表现。

（6）男性的自尊心理

男性自尊心较强，遇事爱面子，因此，出于维护自尊的考虑，即使自己在购物中吃了亏受了骗，男人们也往往是"牙齿打掉往肚里咽"，绝不愿意让别人知道。

男性在购买便宜商品时，或者购买残次降价商品时，往往有所顾虑，怕被熟人看见了有失面子。这是男性为了维护自尊而故作富有的表现。

男性重视商品的质量，购买时不愿过多地讨价还价，也是维护自尊的表现。

（7）男性的做东心理

男性最忌讳别人说自己"小气"，说自己是"吝啬鬼"、"抠兮兮"的。

几个人凑在一起吃饭，男性总是争先恐后争着由自己来付钱的。即使是别人请自己吃饭，男性也总是要买点东西带去或者在饭桌上加上自己点的几样菜，只有这样，男性才觉得心安。

（8）男性的自我表现心理

自我表现是人类的通性。男人不像女人那样喜欢通过服饰、首饰之类饰物来表现自我，在服饰方面，男人比女人更朴素，更追求实用。但这并不是说男性没有自我表现欲望。实际上，男性的自我表现欲望也很强烈，比如，做东是一种自我表现，给别人送贵重礼物也是一种自我表现。此外，男性还有一种间接的自我表现方式，就是通过自己的妻子儿女间接地表现自己。

男性对自己的穿戴有时很随便，但在给女性买衣服和首饰时却十分积极，颇费心机，不仅舍得花钱，而且舍得花时间和肯跑腿。

(9) 男性的怀疑和保守心理

男性往往较少受商品促销宣传和广告的影响，也较少受时髦的、流行风潮的影响。**营销人员的鼓动、讨好、甜言蜜语，对男性的作用往往不太大。**

男性在购买商品时，往往具有习惯性，他们多半强调亲力亲为的经验，强调切身体会，大多数男性都有自己的见解，而且相当执着。

(10) 男性的成就动机

据权威的心理学家研究结果表明，同女性相比，男性的成就动机要更加强烈更为突出。男性在婚后对文化消费的投入更大了，购买书刊、文化用品的开销更大。男性婚后独立生活，有独立购买权时，更会醉心于投资智力方面，以求实现成就动机。

以上我们从十个方面剖析了男性的消费心理，这十个方面的消费心理是大多数男性所共有的，因此，营销管理者在拟制营销工作策略、方针、方案、措施时，在统筹、协调、督促、控制营销工作全程时，都应当切实地、充分地考虑男性的消费心理特点，从而做出相适应的决策，实现营销管理最终目标。

2. 针对女性的购买心理实施营销

如果说男性在消费方面需要明明白白，需要诚实客观，需要一就是一、二就是二的话，那么，**女性在消费方面追求的是满心欢喜。**只要能称心如意，切中心意，那么，女性往往会表现出不顾一切而去谋求实现自己消费目的的消费动机。因此，在营销管理工作中，营销管理者应当针对男性与女性在消费心理上的区别，有针对性地制定出相应的营销策略、促销手段、销售与服务方式来，借以提高销售利润，实现营销管理最终目标。

女性的消费心理，同男性相比，究竟有哪些特色呢？又有哪些不同呢？

爱美之心，人皆有之，这是人类的天性使然，但在具体表现上，女性的爱美之心要比男性更加强烈，更加突出。许多行业都把经营对象定为女性，就连世界上最善于经商的犹太民族也把女人作为第一经营对象，他们的经典是："瞄准女人！"

在现代市场经济中，相信不会有哪一个从事营销管理工作的人员会对女性消费市场的变化无动于衷、充耳不闻的。同其他市场相比，女性用品市场、女性涉足的市场范围日益开阔，女性的购买行动日益加大，根据欧美市场营销管理专家所做的市场调查资料表明，在家庭消费用品的购买方面，由女性实施购买行为的占54％以上。

(1) 强烈的购买动机

通常情况下，女性的购买动机要比男性更加强烈。在家庭中女性料理家务通常要比男人多些，所以不少人称妻子为"贤内助"。女性的家庭观念要比男性强，再加上传统观念的影响，女性对家庭的衣、食、住、行等各个方面考虑得要比男性多，因而实施购买行动的频率也就高于男性。

(2) 场依存性心理

所谓场，它是物质存在的一种基本形式，它具有能量、动量和质量，能起到传递实物的作用。比如物理学上通常所指的电场、磁场、引力场等。

一般地说，**女性的场依存性要比男性更为突出，这在消费心理上有明显的反映。**比如在购物时，或者在实施购买行动时，表现为女性更容易受市场环境、市场气氛的影响，更容易被营销管理人员或者其他社会人员言论和行为所影响。

(3) 注重直观和情感

女性实施购买行为的一个非常显著的特点，就是她们的购买行为受直观和情感的影响极大。表现为，色彩鲜明的商品促销广告、包装，以及富有美感的橱窗设计、商品陈列，很容易引起女性的好感，激发她们强烈的购买欲望。式样新颖的商品，也容易引起她们瞩目，激发她们的购买动机，使她们产生冲动而诱发购买行为。

（4）求实心理

相当一部分女性在购物方面都有一种求实心理，这与爱美心理并不矛盾。这种求实心理在已婚女性，尤其是中老年女性中表现得更为突出。如果这些女性的家庭收入偏低，那么，在购买时会更加追求经济实惠，喜欢购买处理商品、残次商品。

（5）富于联想，喜欢自我卷入

女性的联想能力要比男性强，自我防卫系统比男性更敏感，观看和购买商品时喜欢自我卷入。女性在观察商品时往往不能客观地分析商品的优点、缺点，而是将自己想象也摆放进去。

（6）爱美心理

爱美是人的天性。女性对自己的容貌和外表的关心有时甚于关心自己的性命，这在年轻女性身上表现得最为突出。这与男性对女性的审美心理有关。

（7）自我表现与自我陶醉

和男性相比，女性更喜欢自我表现。就拿服饰来说吧，男性的服饰已趋向于实用、合理为主导潮流，追求简单和方便。而女性服饰却依旧停留在自我表现方面，显得五花八门，丰富多彩。

女性如果有了华丽贵重的服饰，她便会陶醉在欢乐愉悦的情绪中，她会像古希腊神话中的纳西斯那样，在穿衣镜前反复欣赏自己，出现孤芳自赏式的"自恋"心理。

以上我们从七个方面分析了女性的消费心理。这七个方面对于营销管理工作来说，会有相当大的帮助。

关于女性消费心理对营销管理工作的重要性，有位犹太商家说得很好，他说——**"财富的源头在哪里？毫无疑问地应当归结到女性身上。就是说，女人，也只有女人，才是财富的最大推动者。"**

这种观点显然是值得营销人员深思的。

五、通过整合服务赢得顾客的满意与忠诚

1. 让顾客保持高的满意度

企业的精明之举是经常地提升顾客的满意程度和忠诚程度,这就需要经常地整合服务,为顾客创造超过其期望值的服务。

在经济萧条时期,顾客的选择非常有限,反而很容易得到满足。企业无须为取悦顾客而作特别的努力,营销活动以及与之相关的活动也显得不太重要。而如今,在买方市场条件下,顾客有非常多地选择,众多产品使顾客变得比任何时候都挑剔,企业也对顾客百般恩宠。即使如此,很少有顾客从一而终,稍有不慎,顾客就会转移到企业的竞争者手中。他们对产品或服务的期望值越来越高,企业要在今天的竞争中求生存、谋发展,光靠营销/销售建立像可口可乐和 IBM 这样稳固的心理价值的大品牌,相当困难。

销售促进工具的滥用,使消费者不断受到营销信息的炸轰,甚至连最忠诚的顾客也在等待下一次降价促销。由于一些产品在品质方面的认知差异极小,顾客只在降价时购买,因此促销活动导致了价格成为比品牌偏好的更重要的因素。

为了改变品牌的顾客忠诚度降低的局面,许多企业在整合中日益强调关系营销———一种旨在与顾客建立长期和积极的关系。关系营销能够识别高价值的顾客和潜在顾客,并通过个人关注把他们与品牌联系在一起,营销人员的工作重点,放在与顾客相关的需要欲望与期望方面。这些管理过程的最好办法是通过数据库储存有关顾客的重要信息,以及顾客与企业相互交流的过程。

企业的目的不仅是为了得到顾客,更为重要的是保持顾客。 关系营销与整合传播密切相关。因为关系营销计划需要的不仅是大众媒体上的广告,而且是一个从总体上整合的过程,这个过程管理一个品牌或企业的传播活动的每一方面和每种信息。

高的顾客满意度,可能使顾客在情绪上与品牌产生共鸣,进而产生偏

好，创造顾客忠诚。然而，以顾客为中心的企业寻求和创造顾客满意时，未必追求顾客满意最大化。因为通过降低价格或增加服务来提高顾客满意会减少利润；他们还可能因提高满意度而增加股东的支出。

2. 培养更多的忠诚顾客

企业必须在总资源一定的条件下，在保证股东至少能接受的满意水平下，尽力提高顾客满意。这就要求企业通过价值链的改善和价值链的合理传递，以有效的方法建立合理的顾客期望价值和顾客体验价值，从而在一定的资源条件下，提高顾客满意度，建立顾客忠诚，形成竞争优势。而这一切要通过整合来实现。

企业忠诚的顾客越多，公司的收入就越多。发展忠诚顾客的获利率也往往高于企业的其他业务活动。一个企业应该在顾客关系活动中投入多少呢？怎样使成本不超过收益呢？

每一个市场由不同数量的 4 种购买者组成。一个品牌忠诚者的市场是一个对品牌的坚定忠诚者在买主中占很高百分比的市场，例如，牙膏市场和啤酒市场就是具有相当多的品牌忠诚者的市场。在一个品牌忠诚者市场推销商品的企业，要想获得更多的市场份额就很困难，而要进入这样一个市场的企业，也得经历一段艰难时期。

使目标顾客满意是十分重要的，因为企业每一时期的销售，基本上来自两种顾客群：新顾客和老顾客。有人评估过，吸引一个新顾客的成本是维护一个满意的老顾客的 5 倍。对赢利率来说，吸引一个新顾客与丧失一个老顾客相差 15 倍。**吸引新顾客比保持现有顾客常常要花更多的成本。因此，保持顾客比吸引顾客更加重要。**保持顾客的关键是使顾客满意，一个高度满意的顾客会：

- 忠诚企业更久；
- 购买更多的企业新产品和提高购买产品的等级；
- 对企业和它的产品说好话；
- 忽视竞争品牌和广告并对价格不敏感；
- 向企业提出产品或服务建议；
- 由于交易惯例化而比新顾客降低了成本。

日本丰田公司的经理在描绘其凌志汽车的成功时说:"我们公司的目标是超越满足顾客。我们的目标是使顾客愉悦。"这是更高级的探索和成功营销者的秘密。取悦顾客比在媒介上做广告效果更好。

因此,**企业精明之举是经常地测试顾客的满意程度**。例如,公司可以通过电话向最近的买主询问他们的满意度是多少,这也是发现顾客满意与不满意的主要方法。

第十章 顾客整合:培养持久忠诚客源

第十一章
知识整合：实现企业知识共享

在21世纪的全球经济中，以现代科技为核心、建立在知识基础上的知识经济占有绝对的统治地位。在知识越来越重要的今天，努力把经营型转变为学习型的企业越来越多，知识整合在其中发挥的作用越来越大。

知识也是资本。把知识资本加以重组、融合，盘活存量，吸引增量，使企业知识资本总量增加、质量提高就是实施知识整合的根本目的。企业在知识整合中，完成知识向资本的转化，实现知识资本的高效运营，进而提升企业的知识创新水平，增强企业的竞争力。

一、知识、知识经济与知识整合

在知识经济时代，知识成为首要生产要素和第一资本。把企业所占有和能够使用的知识加以整合，能够产生核裂变一样的效果，使企业迅速积聚起巨大的财富，获得超常规发展。

1. 知识与知识经济

按照《辞海》所述：知识是人们在社会实践中积累起来的经验。与此相应的，经济合作与发展组织于1996年发布了《以知识为基础的经济》报告，报告指出，人类迄今为止创造的所有知识中，科学技术、管理和行为科学的知识最为重要。**在信息社会的今天，知识正变得越来越重要，它有助于社会以无法比拟的速度和高回报取得巨大的经济效益。**

知识经济是"以知识为基础的经济"的略称，是指以现代科学技术为核心，建立在知识的生产、存储、使用和消费之上的经济。

知识经济是一个刚刚诞生的概念，对这一名词的规范定义，也还处于争论之中。如上所述，"后工业经济"、"信息经济"、"高技术经济"、"新经济"、"智力经济"等都是20世纪70年代以来，伴随着高新科技革命的发展，人类经济出现的变化和特征的种种描述，从不同侧面揭示了不同于传统农业经济、工业经济的新型经济特征。这些眼花缭乱的名词实际上是在逐步建立一个日渐清晰的概念，即人类正在步入一个以知识资源的占有、配置，知识的生产、分配、使用（消费）为最重要因素的经济时代。

所谓知识经济，是指区别于以前的、以传统工业为主要支柱、以稀缺自然资源为主要依托的新型经济，它以高新技术产业为第一产业支柱，以知识资源为首要生产要素，因而也是一种可持续发展的经济。

知识经济以高技术产业为支柱，高技术产业以高科技为其最重要的资源依托，这里"高科技"是特指的，按联合国有关组织的分类，主要有信息科学技术、生命科学技术、新能源与可再生能源科学技术、新材料科学技术、空间科学技术、海洋科学技术、有益于环境的高新技术和管理科学技术（又称软科学技术）八大类。

到目前为止，八大高新科学技术产业化前景明朗的是信息科学、生命科学、材料科学，特别是信息科学技术，它以微电子技术和计算机技术为基础，包括信息的采集、处理、存储和传输技术，涉及传感技术、多媒体技术、光导纤维技术、集成电路技术等一系列技术。

在知识经济时代，传统市场发生了根本性变革，知识要素能够借助市场力量实现流动配置，完成价值增值、要素复制及无限制使用。**知识经济是在市场条件下产生和发展的，但又反过来作用于市场经济。**

2. 知识整合及其目的

知识整合就是将企业所占有和能够使用的知识加以重新组合，盘活存量，吸引增量，加大总量，使本企业或部门的知识资本总量增加，质量提高，进而提升整个企业的知识水平，增强企业的竞争力。

企业进行知识管理的目的表现在以下两个方面。

（1）让知识流动起来，创造更多的价值

工业社会中的重要资源是资本，而知识社会中的主要资源是知识。知识已成为社会经济发展的关键，成为企业获取巨大经济效益的主要手段。进入知识经济时代的企业处在信息化、知识化的社会环境中，面临急剧增长的知识和信息，必须努力通过开发、交流和利用知识，为企业创造更多的价值，这是企业知识整合的根本目的。

在知识整合中，如果从企业对知识的管理范围看，它涉及知识的内部管理和外部管理。在实施内部知识整合过程中，应鼓励员工在交流和共享的氛围中应用知识。外部知识管理要求本组织与其他组织或部门之间建立广泛的交流与合作，从而使自身积累更多知识并获得更大收益。

从知识整合的形式来看，包括对显性知识的管理和对隐性知识的管理。目前对于显性知识进行管理的技术和方法已经很多。在科技高度发达的今天，企业必须学会使用最新的信息和知识处理工具，把握世界范围的新知识、新信息和新动向，利用全人类的知识宝库加快自身发展。

由于隐性知识存在于员工的头脑中，不能明确地观察到，因此如何对其进行管理就成为知识管理中一个较为困难的问题。一般而言，企业中那些掌握着独特关键技术的员工为了维护其特殊地位,不会轻易将自己所拥有的知识与他人共享。企业对于这些员工头脑中的思想不能强行索取,因此必须有效地调整管理机制,形成激励员工彼此合作创新、共享知识的氛围,才有可能使员工的隐性知识显形化并流动起来,转化为企业的强大竞争力。

从知识整合所涉及的管理过程来看,可以将知识管理分成知识积累管理、知识交流管理、知识更新管理和知识应用管理。知识积累是基础,知识交流是生成新知识的必要手段,知识更新是创新的源泉,知识应用是知识管理的目的和价值的实现方式。由于知识发展迅速,知识数量急剧扩大,迅速更新,个人和组织只有通过不断学习、探索、更新,才能拥有最新、最有用的知识。

(2) 激发知识工作者的潜能,分享知识成果

人在知识经济时代具有特殊的重要性,因为知识的开发、更新和应用都需要人来完成。员工在企业中重要性的体现,并不在于他们掌握了某些知识,而是在于他们具有不断创新和创造新的知识的能力,他们可以在没有先例可循的情况下,在实践中不断丰富、支配和应用创新知识。员工的创新和创造能力是一种特殊资源,企业应该针对其在知识开发中的独特性,实行有效的、有针对性的人才资源管理。

为了实现对人才资源的有效管理,国外企业通常采取各种方法促使关键员工将知识自觉奉献给企业,并且使他们感到奉献出自己所具有的知识要比让知识永远滞留在自己的头脑中好得多。很多企业还不惜代价,不仅为一流人才提供一流的工作、生活环境,而且还在企业的产权分配方面加以考虑,通过"优先购股权"等方式将企业关键人员和企业的发展前景紧紧绑在一起,共担风险、分享收益。由于知识也是一种重要的经济投入要素,而且是一种更重要的投入要素,根据"谁投资,谁拥有"的原则,知识的投入者自然应该拥有其相应的资产权,这样才能使具有创新才能的员工将企业看成是自己的企业,全心全意地投入自己的精力。

某些企业,特别是知识型企业为了进一步激发员工的创新欲望,还允许他们在内部进行个人创新,将员工自主创新视为企业内部最具有创新成效的活动和企业发展必不可少的催化剂,甚至在员工的知识创新遭到失败时,企业也给予宽容,从而促使员工从失败中更新和完善知识。近年来,

由于欧美各国风险投资事业的发展，更为技术创新提供了坚强的后盾。

在现代科学技术条件下，要使员工能够较好地学习、应用新知识，就必须加强对员工的教育、培训，提高企业人才资源的整体素质。对员工的培养和知识资源的开发是企业人才管理的当务之急，企业除了充分挖掘本企业的资源外，还应该注意对"外脑"的使用——企业外专家、学者也应该是企业人才资源开发管理的对象。

在传统的工业企业管理模式中，过多地依靠了管理、监控、指示、命令等刻板的管理形式，这在一定程度上束缚了员工个性和创造性的发挥。在知识经济时代，员工的知识更丰富，获取、处理、应用信息和知识的能力更强，因此，在激励员工自觉参与知识管理和创新时应以人为本，顺应人性，尊重人格，激励其主动献身与创新的精神，而不应使其处于规章制度约束之下被动地工作，以至造成员工知识创新激情的消失。

二、知识整合的基础在于知识管理

知识管理不同于信息管理，它是通过知识共享，运用集体智慧提高应变和创新能力。知识管理的实施在于建立激励雇员参与知识共享的机制，设立知识总监，关注创新和集体创造力的培养。重要的是应当认识到，知识管理并不是一门技术，而是各种可行的解决办法的综合，其作用是作为一个单一系统满足各项具体需求。

随着公司越来越重视无形资产而轻视有形资产，或者说越来越重视知识而轻视库存，关于成功的整个定义都已经发生变化。如今衡量成功的尺度是创新能力，即开创新市场和取代旧市场的能力。公司为了实现自己的目标并赢得竞争，必须不断地使自己的产品和服务胜人一筹。公司若要取得成功，就必须积蓄自己的人才资源。这是实施知识管理的动力。

1. 知识管理的含义与特点

知识管理是智力资本管理进程中所提到的所有步骤的管理，但这一过程在应用于知识管理时，要比应用于知识产权或市场资产时复杂得多。

由于各界学者对"知识"的理解各有千秋，因此，作为以知识为对象的知识管理，也还没有一个被大家广泛认可的定义。由人们对知识管理有着不同的理解，可以看出，知识管理是一个内涵及其丰富的管理领域，不仅管理对象多样化，而且管理角度也是多面的。我们综合有关学者的观点，总结出知识管理的四个基本特点。

①知识管理是基于对"知识具有价值、知识能够创造价值"的认识而产生的，其目的是通过知识的更有效利用来提高个人或组织创造价值的能力。知识管理的基础活动是对知识的识别、获取、开发、分解、使用和存储。特定的知识管理活动需要投入金钱与劳动力，这些活动包括：知识的获得，即创建文件并把文件输入电脑系统；通过编选、组合和整理，给知识增添价值；开发知识分类方法，并标示对知识的新贡献的特点；发展信息技术基础，实行知识分配；就知识的创造、分离和利用对雇员进行教育。

②对于企业而言，知识管理是一种全新的经营管理模式，其出发点是将知识视为企业最重要的战略资源，把最大限度地掌握和利用知识作为提高企业竞争力的关键。知识管理把存在于企业中的人力资源的不同方面和信息技术、市场分析乃至企业的经营战略等协调统一起来，共同为企业的发展服务，创造整体大于局部之和的效果。

③知识管理不仅是最新的管理方式，而且代表了理解和探索知识在管理和工作中的作用的新发展，这种理解和探索的方式更加有机、全面。当企业面对日益增长着的非连续性的环境变化时，知识管理是针对组织的适应性、组织的生存及组织的能力等重要方面的一种迎合性措施。本质上，它嵌涵了组织的发展进程，并寻求将信息技术所提供的对数据和信息的处理能力以及人的发明和创新能力这两者进行有机的结合。个人和组织要适应现代经济日益复杂多变的环境，知识管理是真正的向导。

④知识管理产生的根本原因是科技进步在社会经济中的作用日益增大。随着知识经济的到来，知识管理将遍及社会各个领域，它将使大到一国、小到企业、机构和个人摆脱传统资源或资本的限制，获得新的竞争优势，因而具有强大的生命力和广阔的发展前途。

2. 企业知识管理的内容

企业成功越来越依赖于企业的知识资源，而不是企业的固定资产。对于一家企业来说，同管理实物和有形资产相比，对其看不见、摸不着的知识的运用和开发的能力要重要得多。因此，加强对企业的知识管理，充分发挥其价值是十分重要的。在一个企业中，知识管理的内容主要有以下两大方面。

(1) 内部知识的交流与共享

企业内部蕴涵着大量知识，尤其是在企业职工队伍中有大量的隐性知识积聚，根据统计，企业中隐性知识大约占知识总量的90%，经过编码的知识所占的比例不足10%，在知识经济的条件下，知识可以转化为效益，知识可以转化为资本，因此，**能否挖掘隐含在企业中的知识、充分发挥这些知识的作用，是企业成功与否的关键。**

知识的内部管理包含在企业内部的生成、交流、积累和应用四个环节。企业知识的内部管理应该营造一个有利于员工生成、交流、验证知识的宽松环境；建立一个内部信息网，便于员工进行知识交流；制定各种激励政策鼓励员工进行知识交流；利用各种知识数据库、专利数据库存放知识、积累知识；放松对员工在知识应用方面的控制，鼓励员工在企业内部进行个人创业，促进知识的应用。

知识只有在互相交流中才能得到发展，也只有通过使用才能从知识中派生出新的知识。知识的交流越广效果越好，共享知识的人越多，知识的拥有者获得的收益就越大。在知识交流管理中，如果员工为了保证自己在企业中的地位而隐瞒知识，或企业为保密而设置的各种安全措施给知识共享造成了障碍，那么将对企业的发展极为不利。知识不进行充分的交流，就无法使其为大多数人所共享，也就无法为企业的发展做出贡献。知识交流的管理目的是要在企业内部实现知识共享，但要真正做到这一点并不容易，这对企业的知识管理而言是一次巨大的挑战，其难度丝毫不亚于实现在竞争对手之间共享知识的难度。为做好这一点，企业在处理知识产权归属时，应该从有利于知识的生成和传播的角度考虑，使员工均能共享科研开发的成果，以鼓励员工积极进行知识的生产和交流。

将分散在各个员工头脑中的零星知识资源整合成强有力的知识力量，是知识积累和应用管理的目的。通过知识积累和应用管理，能够使企业更好地运用人才资源的集体智慧，提高对市场的应变能力和创新能力；通过知识积累管理和知识应用管理激励员工将自己的知识融入集体知识中，形成知识创新能力和企业的核心竞争力。

企业要想实施有效的知识管理，就不仅要具备必要的硬件设施和软件系统，还要求企业经营者把企业知识的培育和管理作为获得竞争优势的重要手段，建立有利于企业知识共享和增值的企业文化，鼓励员工与他人共享自己拥有的知识，并促使员工将知识转化为有利于企业发展的生产力。

（2）外部知识管理

企业不仅需要对内部进行知识管理，而且对其外部知识也要加强管理。外部知识管理主要是建立外部知识网络。

在知识经济条件下，企业有比较发达的外部知识网络，比如供应商网络、用户网络、专家网络、信息网络、合作网络、与政府有关部门的网络等等，这些网络关系中存在着大量的知识，可以被企业利用，转化为企业的效益，因此，企业要充分利用这些网络，加强对网络中知识的管理，最大限度地利用外部知识。

①供应商网络管理。供应商创新是企业创新的重要环节，因此，企业要加强对供应商的管理，建立供应商网络，降低企业运营成本、提高产品质量。供应商网络管理主要包括对供应商信息的收集、对供应商的分类、供应商档案的建立和更新以及与供应商的日常联系等。

②用户网络管理。在知识经济条件下，企业用户网络管理的目的是为了培养忠诚的产品用户，充分利用用户创新。用户网络管理主要包括对用户信息（用户喜好、用户细分、用户潜在需要、用户联系方式）的收集及编码、对用户需求的深入挖掘、根据用户的需求定制产品等。

③专家网络管理。专家大多具有多年的实际工作经验或在某一领域有极高建树，掌握着大量的知识和信息，因此，企业要建立健全专家网络，充分利用专家的知识，并大力挖掘隐含在专家中的隐性知识，为企业发展服务。专家网络管理主要包括专家知识的管理（收集及挖掘）、不同类型专家的分类、与专家建立良好合作关系以及对与专家联系方式的管理等等。

④信息网络管理。这里所说的信息网络管理，主要是指对与企业技术、发展相关的宣传网络管理、技术信息源网络管理、相关产品信息网络

管理、市场信息网络管理、相关展览（交易会等）信息等关系企业发展的信息网络管理。

⑤合作网络管理。合作网络管理是指对与企业进行合作或有可能合作的其他企业或部门的管理，如产品合作网络管理、信息合作网络管理、人力资源合作网络管理、技术合作网络管理等等。

⑥政府部门网络管理。在中国目前的情况下，处理好与政府部门的关系仍是影响企业发展的关键因素，政府部门对企业的信任程度、对企业的扶持程度对企业的影响很大，因此企业要加强对政府部门网络的管理，及时收集政府部门的信息，建立企业与政府各部门的网络关系，提高政府对企业的信任度，争取政府部门能在信贷、税收等方面给企业最大的优惠。

3. 实施知识管理的步骤

有效的知识管理是分步骤进行的，各步骤之间既相互独立，又相互联系。一个知识管理的过程一般可以分解为以下几个步骤。

（1）确立目标，分解知识

确立目标是指在知识管理中洞察、确立目标的活动。有一部分知识我们很熟悉并且很明确，在工作中能有意识地应用它。不过，这种知识大部分我们并不了解，也无法表述，只能在潜意识中运用它。我们运用这种知识来确定如何设立我们的目标和价值标准（有关"为什么"的知识）。

在确立管理目标之后，根据需要对知识进行分解，从而有效地发展不同类知识的作用。一般而言，对知识可以分解为以下三类。

①系统知识。即指系统、程式和参照方法的知识。有关基础系统、普遍原则和解决问题战略的理论知识，在很大程度上对我们来说是意义明确的。我们运用这种知识来深入分析事物的原因，总结新的方法，做出新的选择（有关"是什么"的知识）。

②实用知识。即指决策和事实性知识。决策知识是实用知识，大都为明确的知识。我们运用这种知识来完成每日的工作，做出明确的决定（有关"怎样做"的知识）。

③自动知识。即指自动运用的工作知识。我们非常熟悉这种知识，并

运用这种知识来自动地完成工作，不必进行有意识的分析。

用以上这三种类型，可以将我们感兴趣的知识进行分类。只有定义了每个类型之后，知识分类才有意义。经过一段时间之后，某些表述明确、被人分享的知识可能会变成不言而喻的知识，从少数人的知识变为大多数人的知识，提高公司的知识水平，使雇员的工作做得更好。也有可能出现相反的情况，曾经被很多人分享的知识已不再生，如今只有少数人拥有这种知识。了解知识的状况和趋势，对确定适宜的计划很重要。那些认识到自己依赖于大量实用知识的公司可能会发现分享事实信息知识能提高雇员的工作质量。对公司有价值的知识为何种类型将决定辨认和编写这种知识的方法。

(2) 确定关键性知识工作

在知识管理过程中关键性知识工作一般为知识密集型工作。知识管理的课题非常庞大，企业应首先确定都有哪些关键性知识工作，集中培养企业中能够完成这种工作的职员，确定和优先完成关键性知识工作。为此，需要做好如下工作。

①审计知识。审计知识的类型和层次多种多样，不可能在本书中全面论述。从审计角度考察知识及其管理时，我们要研究的是知识的性质和类型以及公司使用、不使用和缺少何种知识。公司的管理哲学和公司文化对知识的选择将会起一定作用。属于权力文化的公司会让雇员只了解需要知道的知识，而参与型文化的公司倾向于让所有雇员分享知识。这是每一个公司经理在领导公司雇员时必须注意的问题。有知识的雇员在工作时比没有知识的雇员更能开动脑筋，管理人员要鉴别出每一个雇员以最优方式完成其工作所需要的优化知识。

②编写知识。即用知识库系统来编写知识。例如一个公司所需的知识是如何设计飞机，所要编写的是关于飞机设计的知识中与设计有关的部分，如：谁拥有这种知识，他们的能力和表现如何，这种知识是否是默认而非明确表述的知识，等等。我们就用计算机来编写实际设计飞机的知识，或为这种知识制作模型。

③推广知识。即通过讨论、授课、阅读等方式使知识得以推广。为了便于推广，企业应寻求增加已有的明确型知识。这也意味着想办法将暗含

的和默认的知识转化为明确的知识。为此，企业可以帮助掌握默认型知识的人将它转化为明确型知识，以便推广。

（3）组建知识存储器，进行知识管理

企业知识存储器是一个有机实体，一个分散的、不可预测的生命形式。它由多种独立的记忆组成。这些记忆可能会死亡，可能在任一时候背叛主体而加入一个竞争对手，也可能只是由于不喜欢而离去。我们认为，知识对未来企业来说是非常宝贵的，不能这样对待它。公司存储器是一个现在还未实现的构想，因为现在的知识记忆并不属于公司，而属于在公司工作的个人。随着产业的发展越来越知识化，由企业占有员工的知识会让企业处于有利地位。为此，可以建立一个独立存在于员工之外的记忆体。企业存储器是编写智力资本的最终目的，这样资产就从人才领域转到了机器领域。

三、整合知识，实现知识资本运营高效化

资源只有转化为资本，才能具有价值增值和创造功能。整合知识就必须通过必要的手段和措施，使静态的知识要素转化为现实的资本形态，实现价值增值和要素自身的复制及无限制使用。

1. 促进知识向资本的转化

知识作为人类思维对客观物质世界的真实反映与理解，是无形的，必须借助于一定的物质手段和物质载体才能表现出来。作为无形生产要素的知识，其重要性只是到了知识经济时代才被社会各界广泛关注，然而，它的产生与作用的历史却相当久远。

作为生产要素的知识是一种重要的经济资源，而生产要素是指从事产品生产而投入的各种经济资源。

知识要素从其他生产要素中分离出来是知识经济时代要素演变的重要特征。知识越来越成为经济发展的决定性力量，其他要素的配置都将以知识要素为核心，形成知识主导型的资源配置方式和产业结构特点。

知识要素将成为重要的商品和市场竞争的主要因素。未来的竞争将是获取高质量的知识信息的竞争。

知识要素从其他生产要素中分离出来,独立成为一种重要的要素,在经济运行过程中发挥着主导作用,是知识经济时代形成的重要标志。而知识向资本的转化,则直接导致知识资本作为一种新型的资本形态成为社会经济运行的重要组成部分。

2. 知识向资本转化的条件

资本是积累起来的流动的价值。没有知识的进化、流动和积累,就不可能有知识的资本的转化。因为任何状态,不投入生产运动的知识是不可能成为资本的。在知识经济时代,资本已经成为在不断运动过程中能使价值增值和要素无限复制的要素及要素组合,是一种动态的财富和权利。谁拥有了资本,谁就拥有了动态的财富和客观要素复制、价值创生的选择权利和机会。

知识向资本的转化既是一个社会经济运动的过程,又是知识要素自然发展的必然结果。必须在一定的社会条件、市场条件和生产力发展水平下,才能实现。

(1) 社会条件

知识向资本的转化必须具备一定的社会条件。知识向资本的转化不可能发生在农业经济或工业经济占主导地位的社会经济体系中,因为在土地、工业资本占主导地位的社会经济体系中,知识要素必须依赖于其他生产要素,才能投入到生产系统中,完成经济活动的循环。否则,知识要素就不可能进入社会经济循环,发挥生产要素的基本功能和作用。

但是到了知识经济时代,知识要素从其他生产要素中独立出来,成为一种首要的具有主导作用的要素,其他生产要素依附于知识要素,受知识要素支配。谁拥有和控制了知识要素,谁就拥有了进行资源配置的主动权和选择权利与机会。在这个时代,知识要素无须依附于其他生产要素而投入经济循环,就可实现在运动中价值增值和要素的无限制复制与使用,为知识向资本转化提供社会条件。

(2) 生产力条件

知识向资本的转化必须以生产力高度发展为基本条件，没有生产力的发展，特别是信息通信技术、数据处理技术的发展，就不可能有知识要素的跨区域、跨国界流动，知识要素的无限制复制和使用就缺乏必要的生产技术保障。知识要素的跨区域、国界的全球性流动配置，是实现知识全球化、提高资源配置效率的先决条件。知识经济是以知识的广泛使用和在更大范围内流动配置为基础的经济形态，**没有生产力的高度发展，就不可能使知识要素独立出来，也不可能使知识要素实现动态流动，更不可能使知识转化为资本。**

因此，在知识经济时代，因为生产力的发展，特别是网络技术等信息技术的发展，使知识要素能借助先进的高新技术手段实行跨区域、跨国界流动配置，使知识要素在经济循环运动中实现增值和要素的无限制复制与使用。

(3) 市场条件

仅仅具备良好的社会环境和生产力发展水平，如果没有较为完善的市场体系，知识向资本的转化也不可能。因为高技术条件下的市场分割和市场失效都使知识要素在流动，缺乏真实的市场信息——价格、利率、汇率、税率的引导，所以不可能实现正常的价值增值、要素复制与无限制使用。

3. 知识向资本转化的手段

知识经济时代具备了知识向资本转化的社会条件、生产力条件和市场条件。但知识向资本转化的实现仅仅具备了这些条件是远远不够的，还必须通过必要的手段和政策措施，使静态的知识要素转化为现实的资本形态，实现价值增值和要素自身的复制及无限制使用。

知识要素要成为能够增值的资本，必须通过一定的手段来实现，这些手段和手段组合包括如下几个方面的内容。

知识要素作为生产要素的一种，其所有者、经营者、控制者的权利义务关系必须通过特定的制度安排加以规范，即通过法律、法规和制度手段对知识要素的所有权、经营权、控制权、收益权、处置处、管理权加以规范，使知识要素的产权明晰，特别是最终产品剩余索取权的赋予和保护至关重要。

要实现知识要素高资本形态的顺利转化，还必须使知识要素与其他生产要素进行有效组合。离开其他要素的配合与拉动，知识要素要实现顺利流动，并在流动中完成具有效率的配置是困难的。任何一种知识要素，其社会价值和自然特性要充分实现，最终还是要通过土地、劳动、物质资本、企业家才能等要素的运动表现出来，并形成知识商品，完成生产过程的循环。

知识要素向知识资本的转化，除了要有实现的手段以外，还必须采取相应的对策措施。对于不同的行为主体，依据自身在知识要素向知识资本转化过程中的预期目的、自身行为方式及权利义务配置，采取符合自身特点与预期目标的对策措施。

对企业而言，知识要素向资本的转化，既可以带来发展的机遇，也会带来挑战。**如何利用知识要素向资本转化的市场赢取获利机会，并把可能的市场风险、成本降低到最低程度是企业生产经营活动中应考虑的重要方面。**企业应根据自身所处的产业层次，利用知识要素转化的契机在较短的时期内，进行知识要素的低成本复制和无限制使用，借以增大企业现有资本吸收知识要素的能力，实现价值增值。同时，企业应抓住知识要素资本化的机会，实现产业升级，把一些不适应市场竞争的产品项目淘汰或进行更新换代，保持产业和产品上的技术、知识、信息优势，在市场竞争中立于不败之地。通过市场手段对企业自身的知识要素及资本转化能力进行正确的评估，采取相应的措施，实现知识资本向知识产品转化，获取增值利益。企业还必须防止知识资本化带来的经营风险，因为随着知识资本化过程的加快，一些传统的产品和技术将会失去市场竞争优势，而率先实现转化的企业能获得市场竞争的相对优势，给转化滞后的企业以沉重的打击。

四、知识资本运营是知识整合的主要手段

知识资本运营能力的大小是衡量知识资本营运家才能的重要标志，一

个没有知识资本运营能力的企业领导人，是难以在竞争激烈的社会里立住脚的。提升知识资本运营效益成为知识整合的主要手段。

1. 知识整合依赖于知识资本运营

知识资本运营是知识资本营运家利用市场管理、组织设计等方法、手段，为实现预期目标所开展的一系列有组织的活动。是知识型企业在进行知识产品生产时，适应外部环境的变化，充分挖掘企业内部潜力，努力提高经济效益，实现企业经营目标所展开的各种经营活动。

知识型企业的经营活动，涉及企业外部环境，特别是知识资本市场的发展变化。例如知识资本市场需求，知识产品的品种和价格，竞争者的策略及竞争能力。知识经营的实质是解决知识型企业外部环境、内部条件和知识资本市场营运目标之间的动态平衡问题。知识经营的核心，是知识资本营运家为实现知识资本市场营运目的所做出的各项决策，例如知识产品决策、价格决策、销售决策等。这些决策直接关系着知识型企业的命运，称为知识经营决策。**知识资本营运家能否根据知识型企业的内部条件和外部环境进行经营决策，对知识型企业的生存和发展具有重要影响。**

知识资本运营的主要内容包括制定经营计划，进行知识产品开发，组织知识产品生产，进行知识资本产品销售及辅助服务等几个方面。知识经营计划阶段就是知识经营决策阶段，它的主要任务是做好知识型企业环境分析和制定经营战略。环境分析是知识经营活动的基础，是制定经营战略的依据。制定经营战略也是知识经营决策，是制定知识型企业经营活动的核心，它是在正确的经营思想指导下，制定知识经营目标、经营方针和经营策略，编制经营计划。知识产品开发与生产是知识经营的重要内容，是根据知识经营决策，进行知识产品研究、设计、储备和生产，调整知识产品结构和知识资本投入内容。知识产品销售包括产品宣传和推销，建立销售渠道，签订合同，市场交易，售后服务和信息反馈等内容。

在知识经营过程中，知识资本营运家应把主要精力集中于经营决策上，根据知识资本市场环境变化，充分利用组织设计，不断调整经营战略，保证经营目标的实现。

知识资本营运家在选择知识资本运营目标市场和确定市场开拓策略

后，为了进入和占领目标市场所采取的措施（又称为知识资本市场营销组合手段），是调控企业内部可控制因素，使内外环境相适应，实现以最小的知识资本运营成本获得最大的经济效益。企业的内部可控制因素包括知识资本产品、价格、经营手段、经营渠道。

知识资本运营市场组合策略具有动态性、艺术性和整体性。动态性指该策略是多变的、灵活的。艺术性指该策略在尊重科学规律的同时，还需要一些技巧和个人经验。整体性指各个影响因素、内外环境之间的配合与相互协调。

总而言之，**知识资本运营能力的大小是衡量知识资本营运家才能的重要标志**。一个没有知识资本运营能力的人，是难以在竞争激烈的社会里成为社会中坚力量的。知识资本运营、市场控制、组织设计共同构成知识资本营运的主要内容，也是新时代的优秀企业家——知识资本营运家成为社会新兴统治力量的三大基石。

2. 知识整合的专家：知识资本营运家

知识资本的增值和扩张必须在运营活动中才能实现。顺应知识经济时代的客观要求，知识资本营运家的产生和崛起，使知识资本的增值和扩张成为现实。

伴随着知识资本的形成，新时代的优秀企业家群体也在不断地发展壮大。知识资本营运家的出现，甚至比知识资本家的形成对社会经济发展的影响还要深远。因为知识资本营运家是知识资本家与市场联系的纽带，也是知识资本家与政府合作、分工的桥梁。知识资本营运家把知识资本所有权和经营权有效地结合的同时，进行科学的分离。**如果说知识资本家是无形财富的所有者，那么知识资本营运家则是动态无形财富的实现者和真正控制者，知识资本营运家的诞生，开拓了资本营运的新时代。**

知识资本营运家的产生，既是知识资本增值的需要，又是知识资本家实现财富低成本扩张的需要，更是企业经营管理发展的需要。知识资本营运家在本质上是从事知识资本运营、管理的优秀企业家，他们的出现，是企业管理与市场经营革命在知识经济时代的结晶。但知识资本营运家的产生必须具备良好的生产力发展条件和市场环境。

知识资本营运家阶层的出现和崛起，是知识经济时代最为重要的人文景观，它不仅改变了传统的社会经济的结构和政治权力的配置方式，更为重要的是，它显示着人类社会正由传统社会向知识社会跨越。知识资本营运家对社会进步的影响，甚至超越了知识资本家出现所引起的社会震动。

就个体而言，知识资本营运家最初是以一种特殊的人力资本要素和人力资本商品而出现的，通过一种特殊的人力资本市场——知识资本营运家市场而实现有效配置和合理流动。当知识经济社会逐渐走向稳定和成熟时，知识资本营运家作为新生产力的代表和新型的企业家，将成为一个独特的社会阶层，成为社会政治、经济活动的中心。正如工业社会里的中产阶级一样，他们将成为新社会稳定运行的最为牢固的社会基础。

知识资本营运家作为一个社会阶层的形成，既是社会生产力发展的结果，又是人类社会演进和结构变迁的产物。

当知识资本运营权在较大的社会范围内被具有相同职业素质的社会成员所掌握和承担时，整个社会结构发生分化。不同的知识资本营运者之间通过相互间的业务关系联结起来，形成一个稳定的社会群体。他们具有共同的社会职业行为和稳定的同业联系，与其他社会群体发生着同质性大于相异性的社会、经济、政治、文化联系。

知识资本营运家的出现，引起了传统资本运营与企业管理的革命性进步，使资源配置结构由非人本向人本主义回归。这是一个人本主义的新时代，人类及其拥有的知识、技能与创新意识成为社会生活的核心。其他在传统社会里支配人类行为的物，包括实物资本和货币资金，已经从社会生活的顶端徐徐降下，不再是支配人类行为的主导力量，逐渐变成人类实现价值增值、财富复制与无限制使用的物质手段和价值工具。人类将向一个机会更加均等，人性更加得到弘扬与发挥的未来社会迈进。

知识经济社会正是因为知识资本营运家的出现和崛起，才变得效率更高，机会与选择的权利更多，更平等，人类也逐渐迈向更加理性、更加文明的新时代。

3. 知识整合的特别形式：知识联盟

一旦公司无法拥有和控制它的重要资源、核心能力和关键技术，这家公司经理们的处境则非常危险。那么怎样来发展这些起支持性作用的知识、资源和技能呢？现在，世界上越来越多的公司和组织创造了交叉知识和专业能力，但是同时，这些公司发现，仅仅依靠自己的力量发展他们需要的所有知识和能力，是一件花费昂贵并且困难重重的事。

为此，许多公司创建了知识联盟（Knowledge Links），使自己能够获得其他组织的技能和能力，并且可以与其他组织合作创造新的能力。**知识联盟可以是战术上的，也可以是战略上的。**一个简单的知识联盟可以帮助公司在它有限的业务领域内建立新的技能，这是一种战术方法。当一个公司同顾客、供应商、劳动力组织、大学和其他组织之间建立大批知识联盟，并且彼此加强、互相促进，支持公司的长远目标，这时的知识联盟就具有战略性。

20世纪80年代，GM和IBM一直在试图使用知识联盟这种新的知识集约关系，在更新、重塑核心能力和变换对其有利的竞争规则的过程中，起到了重要作用。较多的战略努力常伴随着组织结构的变换。这种情况也同样发生在GM和IBM公司。由于他们对丰富的知识联盟的依赖性越来越强，因此，构筑的组织结构不再像一座孤立的城堡，而更像是古希腊的城邦。每个公司的核心部分，有一个通过所有权、控制权和社会契约所规定的密集的关系网络，要精确地区分公司的内部和外部，不再是一件容易的事情，每个公司通过众多协议与其他公司联盟，协议中规定共享所有权和控制权，模糊社会契约、传递更新和创造交叉知识。

学习和创造知识是联盟的中心目标。知识联盟有助于一个企业学习另一个企业的专业能力；有助于一个企业和其他企业的专业能力相结合创造新的交叉知识；能使一个企业帮助另一个企业建立技能和能力，这种技能和能力有益于双方共同发展。

知识联盟比产品联盟更紧密。两个企业要学习、创造和加强专业能力，每个企业的员工必须在一起紧密地工作。如果企业间只是简单地传递转移知识，那么根本谈不上知识联盟，如果这样，他们很容易购买一本计划书和一套公式。企业所寻求的是互相学习交叉知识，他们的关系就像师傅和徒弟间的关系。

知识联盟的参与者范围极其广泛。**产品联盟通常是与竞争者或潜在的**

竞争者形成的。正如我们所知道的，GM 求助于四个亚洲汽车公司，填补了产品系列中小型汽车的空白。

知识联盟能够和任何其他组织形成，只要这个组织拥有有益于参与者的专业能力。通过知识联盟，买家和卖家可以共享制造过程中的经验知识，共同提高买家的产品质量和卖家的商品份额。通过知识联盟，大学实验室与公司共享和共造知识。知识联盟也包括公司、员工和工会之间的合作关系，通过这些联盟，经理可以从员工那里学习到如何生产高质量的产品，如何降低成本，提高效率。另外，企业联合联盟经常开办大批培训计划，使员工可以获得多种技能，员工具有企业所需要的更广泛的能力。

知识联盟比产品联盟具有更大的战略潜能。产品联盟可以帮助公司抓住时机，保护自身，还可以通过世界其他伙伴快速、大量地卖掉产品，收回投资。**知识联盟可以帮助一个公司扩展和改善它的基本能力，有助于从战略上更新核心能力或创建新的核心能力。**

知识联盟与产品联盟在理论上比在实践上具有更大的区别。二者都是合作联盟的一种方式，二者都通过分享所有权、控制权模糊了企业间的界限，将企业与社会系统连接起来，改变了传统的令人感到不亲密的合约形式。两种联盟方式在程度上的区别很大。正如生命的进化是通过不断适应变化的环境进行的，为了适应企业的需要，联盟也不断改变，产生了一系列混合种类。产品联盟属于较单一的一类，在这种联盟中，学习不是重要的，得到产品或广泛的销售现存产品才是很重要的。知识联盟位于另一个极端，在发展新产品的同时，参与者致力于学习或创造新的能力。许多联盟处于这两种类别之间。各种各样的机理融合在一起，促进了知识在相当广泛的组织中流动。

从一位历史学家的观点来看，产品联盟和知识联盟也许只代表了数十年努力的起始阶段，这种努力是为了寻求新的更为灵活的组织形式来适应以知识为驱动力的全球市场。

4. 通过整合技术管好用活企业内外知识

知识管理新战略与以往企业经营管理模式所不同的是，如何将企业内外的知识作为本企业的资产来认识，并将该资产在企业经营过程中灵活运用。必须强调的是，通过整合技术使知识数据库化，实现资源共享，知识才真正具备资产的意义。

"知识管理"，这种新的企业经营理论和方法近年来在欧美企业中受到了高度评价并得到迅速普及和运用。

简单说来，知识就是人类在过去的经验中积累的有价值的东西，而知识管理是指把企业内部和外部的知识在企业经营过程中综合运用而使其变成富有新的创造价值的力量。

事实上，中国的企业也越来越重视知识管理并加以灵活运用。改革开放以来，中国企业大胆引进国外的先进技术，通过吸引、消化外国企业的新知识而锐意创新，中国联想、海尔等一批现代化企业集团脱颖而出并很快跻身于世界企业强林之中就是这样。值得提及的是，他们都灵活运用企业内外的知识，不断向市场推出新产品。

知识容易老化，因此需要不断创新，企业不断进行知识更新才有活力和发展后劲。为此，企业应该为职工营造信息和知识交流的环境，逐步确立行之有效的吸收新知识的学习制度。

第十二章
外脑整合：网罗智慧，借脑生财

现代管理，绝不仅仅是企业领导者的分内之事，更多人的参与会带来更智慧的选择，更全面的决策，更高效的成果。"外脑"，这种企业之外的智力或智慧所构成的智囊团在其中的作用更是极为重要。

外脑整合，就是企业根据实际需要将本企业之外的其他智慧有机组合，为我所用。现代企业中成功的领导者，都是善于汲取他人智慧、善于利用外脑的高手。因此，每一个处在企业领导岗位的管理者，都应学会善于利用别人的经验与智力为自己决策、管理服务。

一、外脑与外脑整合

善借智者,成就大业。一个成功的企业必定是善于借智的企业。借智即借外脑,借外脑必须整合,充分发挥外脑的整体功能,为我所用。

1. 外脑的含义及其价值

所谓外脑,即是指某人自身思维以外的智力或智慧的来源。如他人、他部门、他企业、他地区、他国家的智力或智慧。电脑作为人类智慧的产物,也列入外脑的范畴。

在人们的习惯中,外脑又被称之为"智囊",将由"智囊"组成的集体称之为"智囊团"。

智囊团也称为"头脑公司"、"思想库",是专门为决策者提供决策服务的高层次的、专业性的咨询机构。在此类组织机构中,集中了不同专业的自然科学、社会科学和交叉科学方面的精英人物,他们在学术的具体领域、专长方面各具特点,组成了一个庞大的综合知识库区,专为企业决策者出谋划策。

利用外脑也就是利用别人的智慧和经验为自己决策、管理服务。从古到今,外脑备受重视。中国古代有"军师"之称,例如诸葛亮是刘备的军师,他智慧超人,为刘备争夺天下出谋划策,是刘备的外脑和智囊。汉朝末年,军中设置了作为统帅的幕僚官"参军"。在唐代有明确的固定的军事参谋职位。18世纪法国的军事统帅拿破仑习惯于骑在马上巡视整个战局,他集全部指挥大权于自身,起初,他要求所有情报直接送给他本人,他在设计作战计划时不需寻求参谋意见。但是,他统帅的军队越来越多,再加上机动性的增大,战争成为举全国财力物力支持的复杂活动,这时他需要一个作为参谋的助手,帮助他记住军队的配备位置和有关情报,并把他们的决策变成书面命令下达给部队,协同他完成作战计划。拿破仑的这个助手就是柏特尔将军。第二次世界大战中在英国军队的高级指挥机构中组建了智囊班子,名叫"OR"小组,它的成员多是专家学者,专门为统帅部研究解决指挥官们难以解决的问题。

2. 善于整合外脑为己所用

所谓外脑整合，就是根据需要把外脑有机结合起来，使善于定性的或善于定量的外脑都能够发挥作用，为自己所用。

在现代大经济、大社会、大科技的环境中，处在其中的任何一个企事业单位，都具有整体性、复杂性、多变性、竞争性的特点，任何决策者都比以往任何时候更需要利用外脑。其理由是：一方面，决策者所面临的问题要比过去复杂得多，解决这些问题所需要的知识、信息要比过去多得多，一个人的知识总是有限的，就像善于指挥作战的将军不懂得数据统计理论一样；另一方面，当代社会的知识、信息与日俱增，这种情况迫使管理者既要掌握（包括借用"外脑"掌握）更多的知识和信息，又要从大量信息中辨别信息、慎用信息，防止误用信息造成巨大损失。

对于企业经营者来说，**善于整合外脑为己所用，即能够把借智、融智、聚智融汇成一体转化为自己的智力，从而把企业做大做强，获得超常规发展。**

要使企业决策者的智囊团发挥其整体功能，必须在人才设置上有周密而合理的结构。除了应该有的系统工程学、战略决策学、科学学、未来学、管理学等综合科学学者外，还需要涉及一系列的政治、经济、文化、人口、地理、交通、环境、规划、法律等领域的专家，而且还力求使这些人才比例相应的合理才行。具体地讲，智囊团人员包括几大类：一是政策研究人员；二是经贸人员；三是法律专家；四是深谙文化人士；五是专业技术人员；六是其他人员。这些人员组成一个庞大的综合知识体系，可迅速地达到为企业决策者提供决策信息的目的。

二、整合外脑的基本要求

1. 掌握谋与断的分工

第二次世界大战以来，随着决策问题的复杂化，决策体制向"谋"与"断"分开的方向发展，发生了决策者与决策研究者的分工现象，出现了一批专门从事决策研究的学者和研究机构。在现代决策和管理中，凡较重大的问题，一般都需经由专门研究机构或专家小组、咨询机构研究，进行信息调研、预测研究，提出各种方案并在技术上、经济上做可行性分析，向决策者提出有科学依据的决策、管理方案，由决策者综合考虑多种因素从中择优决策。现代的领导者，他的水平的高低并不主要表现在他自己能拿出多少解决问题的方案，更多的是看能不能及时发现问题，提出问题，把问题交给"智囊团"去研究，让有关专家提出若干解决问题的方案，然后做出决断。**多谋善断是现代领导者很重要的品质。**

目前，国内外已经有许多智囊机构。

中国也有了一批专门从事战略、决策、规划、政策、科技立法、技术预测、技术评价、管理科学、技术经济分析、可行性分析等软科学研究，为各级领导和各类企业进行决策和提供咨询服务的专业性软科学研究机构。

2. 舍得花钱用"智囊"

智囊机构的研究成果是活劳动与物化劳动的结晶，主要是具有创造性的活劳动结晶，是知识高度密集的"产品"。这些产品，有的具有商品属性，并进入了技术市场，有的暂不具有商品属性，不能进行有价交换。但无论哪种情况，智囊机构都需生存发展下去，需要"简单再生产"和"扩大再生产"，这就需要一定的投入。

管理者要舍得在利用"智囊"上投入。这有两个方面的含义：一是对于隶属于某些部门、单位的智慧机构，主管部门要给它投入资金和人员，让它更好地为主管部门决策、管理，当然这种投入与它能提供多少研究成果是有联系的；二是要充分利用面向社会服务的智慧机构，投入一些资金委托他们提供决策、管理的方案，花钱买它们的研究成果。这类研究成果的价值是无法精确计算的。它能创造出数倍、数十倍、数百倍交换价值的效益。

钱学森教授说，软科学是一门一本万利的科学，是千真万确的。但是，由于这类研究、咨询成果不像物质产品、商品的使用价值和效益那么直观，它的作用、效益往往具有间接性、隐蔽性与潜在性，有些成果的效益只有经过长时间的检验，才能看得清楚，所以许多人认识不到或者不能充分认识智囊机构提供的研究、咨询成果，因而舍不得花一点钱去委托研究、咨询或购买研究成果。经验证明，反面教育的作用是很大的，有的人往往在吃了苦头之后才能使自己变得聪明起来，才能"慷慨解囊"。

3. 向外脑借智：汇集众人智慧

智慧是无价之宝，在知识经济时代，借智、融智、聚智，比什么都重要。智力越高，智慧越多，企业的经济效益就会越高。**一个成功的企业家必须善于借智。善借智者，才能成大业。**

（1）向"上帝"借智

向用户征求对产品和服务的意见，听取他们对企业管理和经营方略的各种建议，从而生产出令消费者更加满意的产品，提供更加完善的服务，以求得更好的经济效益。向"上帝"借智的办法有很多，只要开动脑筋就会有。拥有1300万个洗衣机用户的中山威力集团，在一年"3·15"期间策划了向用户征求威力电器感受、改进意见，以及对威力未来发展的宝贵意见的活动。结果不到一个月，就收到了来自29个省市自治区的各类信息函及传真28931件，接听热线电话4000次，其中一些"点子"被成功地运用在一些新产品中。

（2）向专家学者借智

在激烈的市场竞争中，名牌企业只有不断地自主创新，才能长盛不衰。而在自主创新中，最主要的就是科技创新，而科技创新，在科技飞速发展的今天，光靠一个企业是难以做到的。所以，企业必须向企业外的专家学者借智，包括向科研机构、大专院校、社会能人等借智。向专家学者借智，不仅仅是向自然科学的专家学者借智，也包括向社会科学的专家学者借智。不仅仅是科学技术，还包括借应用开发能力，借企业策划、经营谋略，借新思维、新观念等。在江阴的名牌企业集团，时常可以见到北京、江苏省内经济学家、营销和企划专家们的身影。常熟康博集团与江苏省名牌事业促进会专家组制定了品牌"包装"、市场战略，这一举措直接推动了康博集团的发展，帮助康博集团走向"大洋彼岸"，一年创出了7

个亿的业绩。

（3）向外国人借智

在市场经济、信息化经济时代，要求企业在全世界范围内进行资源优化配置，而智力作为一种宝贵的人力资源，也必须在全世界范围内进行优化配置。名牌企业要想在世界范围内争雄，就必须在世界范围内借智。红豆集团为了开拓海外市场，不仅从海外引进大量设计、技术人才，还以80万元的年薪聘请日本专家加藤担任红豆西服技术部经理。以100万元的年薪聘请加拿大人陈忠担任集团总经理。如今的"红豆"，已洒向十几个国家和地区。这与红豆集团向外国借智是分不开的。

4. 借助咨询公司的力量

企业在决策中，仅仅依靠本企业的专门的参谋机构往往还不够，还必须认真利用社会上的咨询机构的力量，用他们的智慧为决策服务。

随着现代科学技术的高速发展和社会经济活动的日益复杂化，社会上独立的为决策服务的咨询机构如雨后春笋般出现。在西方发达国家，有数以千计的咨询公司，它们总的宗旨是，运用专家们的知识、智力、经验、阅历，为领导部门提供决策的依据。

中国的咨询业起步较晚，咨询工作还仅仅是开始，企业利用社会上的咨询机构的方式，主要是向咨询机构委托任务，签订合同，根据合同的规定咨询机构为企业的决策提供服务。

当企业感到绩效没有起色时，咨询机构就接受诊断任务，诊断问题的症结所在。诊断是现代咨询的第一个功能，也是咨询工作的第一个环节。不论是为了提高一个企业的素质和提高一项工程的效益，还是解决一个复杂的社会问题，工作第一步总是诊断其历史发展情况和现状，如同人们生病就医一样，医生总是先对患者作切脉、化验、检查等一系列的诊断工作，了解病情，然后才能对症下药。

当企业苦于缺少解决问题的办法时，咨询机构就为领导者提出切实可行的建议。 提出科学化的有效的建议，往往是诊断工作的继续，这如同医生吃准病人的病情之后开处方治病一样。因此，诊断和建议这两个阶段是不可分割的。

当企业认为缺乏信息,因而决断无力时,咨询机构就把收集起来的信息反馈给企业。反馈功能与建议功能也是不可分割的两个环节,反馈的目的是改善企业决策,使企业情况分明,决策正确。因此,咨询机构必须在反馈的同时提出建议,双管齐下,辅佐企业。

当企业需要了解发展趋势和前景时,咨询机构就预测未来,使企业视野开阔,把握发展方向。企业的决策必须建立在对未来发展趋势的正确认识的基础上,因此,需要咨询机构为企业作预测服务。

三、礼贤下士,积极发挥智囊人员的作用

企业经营者在决策过程中,需要发挥智囊人员的参谋作用,智囊人员需要领导者的大力支持,二者只有密切配合,才能使决策科学化、合理化。因此,企业经营者如何发挥智囊人员的作用,充分调动他们的工作积极性、主动性就显得十分重要。

1. 尊重贤士,视为知己

古人说:"王诚博选国中之贤者,而朝其门下,天下闻王朝其贤臣,则天下之士必趋于燕矣!"又说:"指而事之,北面而受学,则为己者至。"这说明只有礼贤下士,才会争得更多的谋士良才。三国时,刘备"三顾茅庐",以己之真诚,深深地感动了诸葛亮,从此为建立蜀国"三分天下"奠定了基业。楚汉相争时,项羽虽然自幼熟读兵法,武艺超群,力大盖世,但他刚愎自用,不容良将贤臣,放走了韩信,气跑了范增,结果落得乌江自刎的下场。这正反两个方面的例子都说明礼贤下士、尊重人才,是调动智囊人员工作积极性的关键。

以史为镜,可知兴衰。时代发展到今天,智囊人员也由少数几个人而发展成为智囊团体,企业经营者只有尊重这些智囊人员,才能获得他们的信任,从而调动他们的工作积极性,从他们那里得到真正的智慧。**中国有句古话,叫作"士为知己者死"。以仁义施之,以礼待之,把身边的智囊人员视为知心朋友,就不愁智囊人员不为企业贡献出聪明才智。**

2. 不设框框，任其自主

曾担任美国通用汽车公司总经理的斯隆，在聘请著名管理学家德鲁克任该公司管理顾问时，第一天上班就告诉他："我不知道我们要你研究什么，要你写什么，也不知道该得出什么结果。这些都应该是你的任务。我唯一的要求就是希望你把认为正确的东西写下来，你不必顾虑我们的反应，也不必怕我们不同意，尤其重要的是，你不必为了使你的建议为我们接受而作调和和折中。在我们的公司里，人人都会调和和折中，不必劳驾你，你当然也可以调和和折中，但你必须告诉我们'正确'的是什么。"斯隆总经理的这番话，说明了企业经营者发挥智囊人员作用的一个重要技巧，即不应以任何形式把自己的主观意志强加给智囊人员，而只是积极地为他们创造一个独立进行工作的环境。现代智囊团是一个相对独立的研究机构，它的活动是从客观事实出发，依据科学的论证和实验，做出符合实际的结论，它只尊重科学，服从真理，只对事实负责，对自己的研究成果负责。因此，**企业经营者必须尊重他们工作的独立性，不干涉他们的工作，让他们通过研究得出他们自己认为是科学的结论**。企业经营者可以下达任务，出研究课题，但不能画框子，定调子，束缚他们的手脚和思想。

3. 兼听百家，决断自主

智囊人员既然是独立地进行调查研究工作，独立地提出自己的见解，那么，他们提出与领导者相左、甚至根本不同的意见的情况是必然的，怎样来对待智囊人员的反对意见呢？

（1）企业经营者要有"兼听"的胸怀

古语说："兼听则明，偏听则暗。"企业经营者对于与自己不一致的意见，应当细心倾听，认真分析，如果确有道理，那就要服从科学，服从真理，而不要怕丢面子。要知道，反对意见本身，正是决策所需要的另一种预选方案。如果只有一种意见，那么就无所谓决策了。**智囊专家的意见，无论采纳与否，对于决策者都有其重要意义**。任何好的决策，绝不是在众口一词中得到的，相反，都是在激烈的冲突中选择、判断出来的。相反的意见可以互相启迪和增发，在咄咄逼人的反面意见中，决策者的思路会更加开阔。因此，高明的企业经营者，在没有听到不同意见之前，是不会做出任何决策的。美国通用汽车公司总经理斯隆，在一次主持决策讨论会时说："诸位先生，在我看来，对于这项决策，我们大家都有了完全一致的看法。"出席会议者都纷纷点头表示同意，但是，他接着又说："现在，我宣布会议休会，这个问题延期到我们所能听到不同意见时，再开会决策。这样，我们也许能得到对这项决策的真正了解。"通用汽车公司之所以成为世界汽车工业之魁首，恐怕与重视不同意见的做法不无关系。可见，企业经营者听取智囊人员的不同意见，对于决策十分有益。

（2）企业经营者不能为智囊人员的意见所左右

企业经营者不要忘记自己的领导职责。也就是说，不要忘记自己是决策的主人。智囊人员不是圣人，他们的意见有正确的，也有不正确的，他们在现实社会中生活，对各种事物都有自己的看法，他们的研究有时也带有倾向性，而带着倾向性去收集资料，进行研究，就难免得出比较偏激的结论。此外，智囊专家的思想特点，一般是从理想的条件出发，严格按照科学的程序和方法，探讨和拟订理想的优化方案，但是，这些最理想的方案往往并不是切实可行的方案。因此，企业经营者必须对智囊人员提出的方案进行价值判断，做出自己的决断。**智囊人员的作用只能是给企业经营者提供参考的决策方案，而不是代替他们决策。**一个优秀的企业经营者，既要善于利用"外脑"，在智囊团工作的基础上做出正确的判断和选择，同时又要有自己的头脑，牢记自己的责任。

第十三章
信息整合：挖掘虚拟宝库财富

　　信息、物资、能源，构成了现代社会发展资源的三大支柱。信息资源是人类社会发展所必需的一种特殊的重要战略资源，为现代人类提供的是非物质形态的社会财富。信息资源区别于其他资源的最大特征是可以与人们共享。

　　信息整合是将来自各方面的信息资源综合起来，去伪存真，去粗取精，将有用信息运用于管理系统的实施过程中。企业管理在整合信息资源时，要注意把握信息的时效性、共享性、交互性等表现特点，以更好地实现企业管理的信息化。

一、信息与信息整合

信息是现代社会发展的三大支柱资源之一,信息是现代企业的神经主干。整合信息,使企业首脑做出灵敏、快捷、准确的反应,才能获取掘之不尽的财富。

1. 信息的含义与分类

信息是一个既简单又复杂的问题,人们每时每刻都在与信息打交道,它的简单性导致人们陷入了"画鬼容易画人难"的窘境。信息的复杂性又使人们进入了"知其然不知其所以然"的迷宫。信息没有物质那样的实体,因此概括信息是何物是很困难的。自信息论问世以来,关于信息的定义及其本质的认识和描述,可谓仁者见仁、智者见智。据不完全统计,世界上公开发表的关于信息的定义,在20世纪70年代初便已达到40种之多。近30年来,随着社会的发展和现代科学技术的进步,在自然科学领域和社会科学领域,各种新的解释和定义还在不断增加。信息定义的多样化,有三方面的原因:第一,信息本身的复杂性,它是一个多元化、多层次、多功能的复杂综合体;第二,信息科学尚不够发达。它的内涵和外延还不甚确定,一些重要概念正处于多定义并存阶段,还未进入到统一的本质概念阶段;第三,实际需要的不同。人们出于不同的研究目的,从不同的角度出发,对信息做不同的理解与解释。

信息是一个内涵丰富、外延广阔的概念,在特定的场合具有特定的意义。在经济管理、新闻传播和情报检索等领域中,信息等价于消息和情报;在社会科学、文化教育等领域,信息则可理解成新知识、消息和情况中的新内容;在计算机科学、通讯和控制等领域中,信息往往是数据、信号的同义词。数据是对客观事物及其状态的记载,它由一些可以被鉴别的符号组成,**信息通常被认为是经过加工、具有一定含义的数据,人们占有了信息就可以加深对事物的理解,从而能达到某些特定的目的。**

这里,我们综合自然科学和社会科学领域中给信息下的形形色色的定义,给出一个较为简明的信息定义:信息是物质运动和事物运动的状态和方式的最新反映,以及经过传递后的再现,这种再现使人的认识的不确定性减少。或者说,信息是通过一定的物质载体形式反映出来的表征客观事物状态和方式的实质内容,这种反映减少了人的认识的不确定性。

从信息的形态来看,按照美国学者斯坦·戴维斯和比尔·戴维森的定义,信息由四种形态组成:数据、文本、声音和图像。目前信息的这些形态主要与视觉和听觉有关,而人类的其他感觉,如味觉、触觉和嗅觉在信息的形态中想要占有一席之地还需要相当长时间的知识与技术的发展。

对于企业来说,企业信息可以理解为与企业的人、财、物各要素,产、供、销各环节有关的信号、指令、数据、情况、消息等所反映的知识内容,或对企业决策行为有现实或潜在价值的知识内容。企业信息贯穿于整个企业管理活动,根据企业信息的来源,可将企业信息分为以下三类。

①外部环境信息。它确定了企业生存和发展的外部环境。这部分信息包括:国家经济政策;经济法规;人口数量、结构、分布和社会发展趋势;经济发展趋势(如国民生产总值变动情况、消费与收入水平、投资规模及物价水平等方面的变动情况等);新技术的应用与发展;生产因素(如劳动力、原材料、资金、能源等的来源与使用等情况)。

②内部管理信息。包括企业目标、战略;企业的内部约束、管理原则;企业资源信息(人、资金、设备等);销售政策及预测信息;财务状况分析、成本核算等信息。

③市场竞争信息。包括工商结构及发展趋势;同行业或竞争对手的市场份额;市场定价、利润、市场销售渠道及其趋势;新策略、新产品、营销方法、新的分配渠道等。

2. 信息整合及其注意要点

信息整合就是将来自四面八方、天上地下的信息综合起来,找出有用信息,剔除无用信息,并将有用信息综合运用于企业系统的过程。

在这一过程中,要特别重视三点:

- 信息的时效性;
- 信息的共享性,即谁用就归谁;

● 信息的结合可以有中生有、无中生有。当然,随着时间的推移,还会有中生无。

二、从资源的角度整合信息

在当今激烈的国际竞争中,信息资源已经成为企业争夺的重点,谁能更多更快地占有信息资源并能有效地开发和充分利用,谁就能获取巨大的能量,取得国际竞争的优势,创造经济起飞的奇迹。

信息产业是以开发和利用信息资源为中心的产业活动。那么,何谓信息资源呢?信息资源既是信息产业加工的对象,又是信息产业生产的产品,它是社会信息财富的源泉。**信息资源是人类社会发展所必需的一种特殊的重要战略资源,为人类提供的是非物质形态的社会财富。**

1. 信息是企业最宝贵的资源之一

信息资源不同于其他资源,如果说物质资源向人类提供的是材料,能量资源向人类提供的是动力,那么信息资源向人类提供的则是宝贵的知识和智能。

信息资源对于人类来说,它是人类知识和智能的源泉。知识是人类实践经验的总结,智能是人们认识和实践的能力。人获得知识和智能有两种途径,一是实践,即通过直接经验获得知识和智能;二是学习,即通过间接经验获得知识和智能。无论是实践还是学习,对于人类本身而言,获取知识和提高智能,其实质都是对信息资源的开发和利用。

信息资源不同于其他资源的最大特征是它可以为人们所共享。信息资源可以脱离具体事物而独立存在,也可以荷载于其他的载体,既可以被无限地进行复制,也可以被大量地进行传播和分配,为多个使用者所共享和利用。当信息资源的拥有者把它的信息资源让给其他的使用者的时候,它所拥有的信息资源并不会消失。这就如同教师把自己的知识传授给学生,学生掌握了知识,教师也仍拥有知识。

人类之所以能够主宰世界,成为首要的生产力,最重要的原因是他拥有能够开发和利用信息资源的大脑。大脑既是信息的载体,又是信息的重要源泉。现代脑科学研究表明，人的大脑是由极为丰富而又结构精细的神经细胞和神经纤维构成的，它与外界能够形成反射活动，具有接受信息、贮存信息、加工处理信息和输出信息的机能，因而能够认识世界和改造世界。

信息资源具有许多重要的性质。首先，它的存在具有普遍性。只要有事物存在，就有事物的状态和特征，就存在着信息资源。

信息资源作为事物的状态和特征，是一种特殊的资源。它普遍存在于自然界、人类社会以及人们的认识和思维过程之中。人类所生活的世界，是一个充满信息的世界，也是一个信息资源无限丰富的世界。信息资源不同于其他资源，具有许多特殊的性质，正是由于它所拥有的这些特殊性质，使其在人类社会的经济发展中具有特殊的重要地位。

在当今激烈的国际竞争中，信息资源已经成为人们争夺的重点，谁能更多更快地占有信息资源并能有效地开发和充分利用，谁就能做出正确的决策，取得国际竞争的优势，创造经济起飞的奇迹。信息资源的开发和利用已经成为生产力、竞争力和经济成就的关键因素。尽管信息资源不是唯一的资源，但它却是一种最重要的战略资源。

2. 信息资源的分类与整合

按照对信息资源的生产和加工过程来划分，有原始信息资源和加工信息资源。原始信息资源即客观的信息资源，加工信息资源即被认识主体所认识的信息资源及进一步加工的信息资源。被认识主体初次认识的信息资源，是认识主体对客观信息资源的第一次加工，所以也称作一次信息资源，它是人类在社会实践活动中直接产生或得到的各种数据、概念、知识、经验等。对一次信息资源，人们可以按照需要进行各种加工，如分析、改编、重组，生产出新的信息资源，按照加工的深度和方式的不同，可以有二次信息资源、三次信息资源等。

总之，信息资源的类型是多种多样的，分类只是相对的。人类对信息资源的需求是多样化的，为了满足人类对信息资源的各种需求，不仅可以开发各种各样的信息资源，而且也可以对信息资源进行各种加工和变换，生产出各种各样的信息产品。

三、从企业管理系统的角度整合信息

从企业管理系统的角度整合信息，是运用现代化的数据处理设备和方法，对企业的管理信息进行收集、加工处理、存储和传输；对企业的行为进行控制，辅助企业进行决策，系统地实现企业经营目的。

1. 企业管理信息化

企业经营与管理的核心是资源。在传统工业时代，企业主要的资源是人、财、物。在当今的信息与知识经济时代，信息已成为主导全球经济的基础，人们不再是先生产而后去寻找市场，而是先获取市场信息再组织生产。信息已成为企业的生命线及创造财富的重要资源，信息资源的拥有量成为衡量一个企业综合实力的重要标志。成功的企业已经把信息运营融入企业经营与管理的各个系统之中。

企业信息运营的实质内容是企业的信息化。企业信息化是指企业在生产、流通及服务等各项企业活动中充分利用现代信息技术、信息资源和环境，通过对信息资源的深化开发和广泛利用，建立信息网络系统和开展电子商务或网络经营，不断提高生产、经营、管理、决策的效率和水平，进而提高企业经济效益和企业竞争力的过程。**信息化建设已成为企业获取竞争优势的最终选择，是企业经济现代化的主要标志，也是企业在市场竞争中充满生机和活力的所在。**

现代信息技术正以其不可抗拒的力量改变着世界各国的经济及社会生产活动。对企业而言最大的变革则体现在企业经营和管理方式的变革上，信息化革命深刻影响着企业的经营方式，任何一个企业都离不开这种变革。企业的信息网络使大小企业都可以平等地走向世界，使企业的经营效率得到了极大的提高。国际互联网把成千上万的企业联系到一起，使企业的竞争必须面对全世界的同行。电子商务、电子海关、网上采购、金融电子化和现代信息技术对人类社会生活的一切改变，都将影响企业的经营管理模式。这就要求企业的经营管理模式必须适应现代信息技术的发展，企业管理者必须加强对企业信息化的领导。

对于中国的企业，无论是大企业还是中小企业，在 21 世纪，要想在信息和知识经济的形势下具有与任何国家中任何企业竞争的实力，必须将信息化改造作为企业首要的和迫切的战略任务来抓。因为从整个世界的经济发展形势来看，信息革命正在加快企业信息化的步伐，中国企业现在不将信息化改造的任务提到企业发展的战略高度来对待，必将因此越来越缺少市场竞争实力。

从内容上看，企业信息化包括产品设计的信息化、生产过程的信息化、产品及服务销售的信息化、经营管理信息化、决策信息化以及信息化人才队伍的培养等多个方面。但主要内容可概括为三个大的方面。

一是人员信息化。包括建立企业信息部门和信息主管（CIO）；建立一支专门从事信息工作的人才队伍；提高全体员工的信息化技能和信息化意识，鼓励全体员工参与信息资源的管理和开发；制定、实施企业信息化标准规范及规章制度。

二是建立企业各类信息系统与信息网络。如企业管理信息系统（MIS）、网络信息处理系统（IBS）、办公自动化系统（OA）、会计电算化系统、计算机辅助设计/计算机辅助制造（CAD/CAM）系统、企业资源管理系统（MRP、ERP），进而建立企业内部网（Intranet），并与国际互联网（Internet）相连，以便于企业生产、流通或服务信息系统的有效运转并利用信息网络等手段与外界进行商务往来，实现企业的全面信息化。

三是开展电子商务与网络经营。在信息系统和信息网络建设的基础上建立企业商务网站，开展网络营销和在线销售，实现企业信息化建设的效益。

2. 企业管理信息系统化

在信息经济的环境中，企业开展信息运营，对信息的要求，不但在数量上会大幅度的增加，而且对信息的质量也会不断提高。这包括信息的准确性、及时性等。在过去，人常常作为第一信息处理器，但人处理信息的结果往往是不可靠的，且人的能力有很多限制，如短期存储的限制、检验差别的限制，以及在产生、综合和解释随机性数据方面的限制等。因此，**依靠人的传统的数据处理方式远远无法适应现代企业管理的需要，这就需**

要依靠信息技术建立信息系统来满足企业信息运营的需要。

信息系统（Information System，简称 IS）是对信息进行收集、存储、检索、加工和传递，使其得到利用的人机系统。企业的信息系统是企业各类信息系统的总称，按照企业的不同职能或需要可相对独立地建立各类信息系统，如生产信息系统、管理信息系统、信息处理系统、办公自动化系统等。建立企业的信息系统是一项具有技术内容和社会内容的系统工程，不同的信息系统（如企业管理信息系统、信息处理系统、办公自动化系统等）有不同的建立法则。

在企业信息系统中，最常用的是企业管理信息系统。企业管理信息系统（Management Information System，简称 MIS），是运用现代化的数据处理设备和方法，对企业的管理信息进行收集、加工处理、存储和传输；对企业的行为进行控制，辅助企业进行决策，系统地实现企业经营目的的一种综合性的人机管理系统。

这里，我们按照企业的管理职能来描述企业管理信息系统的结构。企业的管理机构可以按一定的职能划分成若干个部门，因此，企业的管理信息系统也可以按管理的职能来建立。按职能的不同，将企业的管理信息系统分成若干个子系统，而每一个子系统又有不同的管理层次。系统和子系统是相对的，一个子系统可以是一个大系统的子系统，同时它又包含更低一级的子系统。

可见，我们所说的企业管理信息系统（MIS）是一个复杂的系统结构，是系统中各个组成部分之间相互关系的总和。

总之，**MIS 是集计算机技术、网络通信技术为一体的信息系统工程。**采用先进、适用、有效的企业管理体制，运用于企业管理的各个环节和层次，可以改善企业的经营环境、降低生产成本，提高企业的竞争力；在企业内部改善商流、物流、资金流、信息流的通畅程度，使得企业的运行数据更加准确、及时、全面、翔实，同时对各种信息进行进一步加工，使企业领导层的生产、经营决策依据充分，更具科学性，更好地把握商机，创造更多的发展机会；有利于企业科学化、合理化、制度化、规范化的管理，使企业的管理水平跨上新台阶，为企业持续、健康、稳定的发展打下基础。

四、从无限的信息中整合有用信息

信息具有多样化和无限性,从无限的多样的信息中整合出有用信息,信息本身才具有价值并将使用价值转化为商品,从而满足社会日益增长的信息需要。

1. 信息的多样化和无限性

信息资源普遍存在于自然界、人类社会、人们的认识和思维过程之中,不仅是最丰富的资源,而且具有多样化的特点。世界上一切事物的状态和特征都属于信息资源的范畴。这里所说的事物,既包括外部世界的物质客体,也包括主观世界的精神现象;这里所说的状态和特征,既包括事物的机械的、物理的、生物的、化学的、思维的、社会的状态和特征,也包括事物在时间上和空间上的运动状态和特征。

信息资源具有多种类型和种类。首先,按照主体与客体的关系来划分,有客观的信息资源和主体主观所认识的信息资源,前者指在人的意识之外、不依赖于人的意识而客观存在的一切事物的状态和特征,后者则指被人这个主体所认识的信息资源。世界上的一切事物都是可以认识的,整个世界都可以成为认识的客体。现实的客体,则是进入人的认识活动领域、成为认识活动对象的外部世界。客体作为自然的状态和特征,是不依赖主体而独立存在的,它能否转化为现实的客体,则取决于主体的认识能力和所处的时代条件。主体认识能力越高,客观的信息资源被主体认识的就越多,而主体认识的信息资源越多,就越能促进主体认识能力的提高。这两个方面的发展是无限的,**世界上只存在暂时尚未被认识的客观的信息资源,不存在永远不可能成为主体所认识的信息资源**。

2. 识别有用的信息

信息是不是一种经济资源呢?这不能一概而论:那些在经济活动中能带来效益的是,不能带来效益的不是。我们不能刚刚从对市场的幻想中挣脱,又马上陷入信息乌托邦之中。"信息垃圾"、"信息污染"也是有的。

我们说有用的信息是资源，原因有以下几点。

第一，它们是生产活动中必不可少的要素。科学技术可以使原来不可能的事情变得可能；不太熟练的劳动力通过接受教育信息，可以变成熟练的、高效率的劳动者；闲置的资本加上信息就变成有用的投资等。

第二，它是稀缺的。虽然我们身处"信息爆炸"的时代，可要做出决策的时候，要改进生产的时候，总发现可以利用的信息少得可怜。造成这种情况的原因之一，是信息资源的开发需要相应的成本，包括各种人力物力的投入。从事经济活动的人要拥有信息资源，就必须付出相应的代价。

第三，知识是通过对数据和资讯的分析而得到的事物的本质和规律性的认识。知识可以表达出来，但一经表达就变为资讯甚至成为数据。

第四，智慧是信息的最高层次，是通过对知识的融会贯通和经验的积累所产生的认识问题和解决问题的能力。

第五，使用方向的可选择性。人不可能同时使用所有信息资源。在家里看电视的时候就失去了去听音乐会的机会；一个企业刚刚采用一种新工艺组装了一条生产线，可能由于财力的限制，不能使用另一种新工艺。**同其他资源一样，信息资源也存在最佳配置的问题。使用尽可能低的成本，让信息资源产出最大效益，是选择信息资源使用方向的指挥棒。**

3. 有用信息的一般特征

有用信息作为一种重要的经济资源，既具有资源的一般特征，也有它自己独特的性质。

(1) 共享性

可以共同分享是信息资源的奇妙之处。其他资源具有排他性，无论是土地、劳动，还是资本，用在一个地方的同时，意味着它们已经不可能用在另外的地方；当一个人占有它们的时候，其他人也不可能同时占有它们，除非人们以股份的方式分享；而股份也表现为确定的比例，一部分人多了，另一部分人拥有的股份就相应减少。信息资源不存在上述的排他关系，某人阅读了一本书，他从这本书中获取了知识，并不会因此对同样拥有这本书的人产生影响，也不会对将要阅读这本书的人产生影响。你有一只苹果，我有一只苹果，交换后每人手里还只有一只苹果；你有一条信息，我有一条信息，我们交换后，每人都掌握两条信息。当个人计算机的应用软件被开发出来后，生产者可以将其制成拷贝出售给甲，甲获得了该软件，生产者失去的仅仅是承载这些信息内容的软盘或者光盘，他仍然掌握着组成该软件的信息，因而同一软件的信息内容可以重复售出。

信息资源本身具有共享的性质，但是，这种共享性受到两方面的限制。

一方面是物质载体的限制。信息需要物质载体，不能独立存在，但这些物质载体是具有排他性的，而且不同物质载体装载信息的成本，与用它们传送信息的成本大小不一，往往很昂贵，并且基本上都不能把信息的共享性质淋漓尽致地展现出来，因此，**信息共享的程度，受到其物质载体物理性质的限制。**

另一方面是人为的限制。共享性只是信息资源的一种天然特性，随着市场和政府作用的不断增强，这种天然的共享性已在相当程度上被人为地限制了。其典型的例子是对某些信息资源专利制度的建立。随着各国专利制度的建立和健全，人们对诸如技术发明之类的专利信息资源不再像以前那样可以随意"共享"，而是要为之付出相应的代价。

所有信息，只要用在经济活动中，就是经济信息。"谁用算谁的"是信息的一个有趣的特点，这也是我们详细讨论信息概念的原因。

（2）时效性

信息资源比其他任何资源都更具有时效性。一条及时的信息可能价值连城，使濒临倒闭的企业扭亏为盈，成为行业巨头；一条过时的信息则可能分文不值，甚至使企业丧失发展机遇，酿成灾难性的后果。信息资源具有时效性并不意味着开发出来的信息资源越早投入利用就越好，这中间并没有必然的前因后果关系，早投入利用固然可能易于实现其使用价值，但相反的情况亦屡见不鲜。随着时间的推移，某些信息资源是可以像陈年老酒一样不断增值的。这就要求信息资源的利用者要善于把握时机，只有时机适宜，才能发挥效益。

（3）独特性

信息最基本的作用是"不确定性的消除"，作为经济资源的信息也不能例外，它必须能够消除人们认识上或者行为上的不确定性，给人们以新的启迪，帮助人们从未知走向已知。因此，**当人们需要新的信息的时候，他们往往需要的是与自己已经了解的不同的信息。**对于既定的信息资源而言，它必定是不同内容的信息的集合，其中的每一信息都具有独特的性质。

（4）驾驭性

驾驭性即信息资源具有开发和驾驭其他资源的能力，不论是物质资源还是信息资源，其开发和利用都有赖于信息的支持。一般说来，人类利用信息资源开发和驾驭其他资源的能力，受科技发展水平和社会信息化程度的影响，科技越发展，社会信息化程度越高，人类利用信息资源开发和驾驭其他资源的能力就越强。

4. 部分信息也是商品，可以进入市场

有用的信息不仅是资源，还是商品。它不仅是生产的必要组成部分，同时它本身也满足人们生活的需要，比如，歌曲、小说、电影等。不管它满足生产的需要还是满足最终消费的需要，都必将导致信息中的某些部分进入市场成为商品。人类社会越发达，则专门从事与信息有关工作的人数就越多，信息商品在社会总产品中的比例也就越大。

信息不仅改变了我们对市场的看法，也改变了我们对资源的看法，现在，信息又将改变我们对商品的一些基本看法。

一般认为，人们购买商品是因为它们有用（使用价值），人们愿意出钱是因为生产它们的时候付出了劳动（生产的过程和凝结在生产设备等生产条件中的劳动），而人们愿意出多少钱购买则主要取决于社会生产它们所需要的平均劳动时间（价值）。总之，商品具有价值和使用价值两重属性：使用价值取决于商品的自然属性，而价值则取决于生产它们的社会必要劳动时间。

但是，从价值方面看，信息商品的生产，不存在社会必要劳动时间。由于信息商品是非重复生产的，这样一来，价格作为商品价值的表现形式，就不能由生产它的劳动时间来决定了。因此，**信息商品的价格主要取**

决于使用它们得到的效用，也就是使用价值。

从使用价值方面看，由于信息可以共享的性质，信息的使用价值又分为两个部分。一部分是信息的效用价值，指个人得到信息的使用价值。效用是信息商品使用价值的表现形式，指利用信息和不利用信息两种情况下产生的决策后果在经济所得方面的比较。

另一部分是效益价值。指信息商品社会效用的总和，即"全部使用者"使用信息商品得到的效用总和。得到某一商品体的购买者并非得到了该商品的全部使用价值，由于信息的共享性，得到该信息商品的所有人都得到同一个信息商品的使用价值，该信息商品使用价值的总量取决于社会信息商品价值共享的程度。

第十四章
文化整合：塑造企业活的灵魂

　　企业文化是企业长期形成的、一种稳定的、观念形态的价值观。企业文化反映了企业特有的历史传统、经营理念和精神风貌。以人为主体、以企业精神为核心的企业文化建设，在现代企业管理过程中，是一个不可或缺的重要组成部分。

　　文化整合，是把来自不同方面、不同领域的文化有机综合，使之增强企业活力、推动企业发展的实施过程。当代企业管理的成功经验表明，企业文化整合所显示出的提升企业形象、促进企业合力的潜移默化功效已为企业管理者所公认。

一、企业文化与企业文化整合

没有文化的企业是没有灵魂的企业。任何一个有作为的企业莫不与时俱进，不断地整合企业文化，以文化制胜来赢得竞争优势和持续发展的空间。

1. 企业文化的含义

企业文化是一种观念形态的价值观，是企业长期形成的稳定的文化观念和历史传统以及特有的经营精神和风格。

企业文化是以形成最佳的经营管理机制为目的，以人为管理的主体，以企业精神的共识为核心，以群体行为为基础的企业管理学说。它作为一个新的管理学概念，作为世界管理思想史出现的一种新的学派理论，是美国管理学者总结比较了日本与美国企业管理的经验提出来的。

研究和建设企业文化意义重大，是一项长期的具有战略意义的工作。**企业文化作为社会大文化在企业中的体现，它的建设必须遵循社会文化形成和发展的固有规律。**人类文化，历来是各民族国家在继承传统文化的基础上，在内外文化的交流中，通过理论与实际的结合逐步形成和发展起来的。

在研究中人们经常可以发现这样一种情况，那就是，即使是在同一构型的社会文化背景下，有的企业充满活力，生机勃勃，成长迅速；有的企业则平庸呆板，暮气沉沉，日渐衰微；有的企业从领导者到一般职工，都具有明确的行动目标，强烈的竞争意识和创新精神；有的企业则从领导者到一般职工，行动目标模糊，墨守成规，不思进取等。企业与企业之间的上述差别，尽管可以从不同的角度、不同的方面予以解释，但归根到底，都可以从以不同的企业文化为基本内容的管理模式的差别中来寻找到答案。

确认一个组织的主导信条，并用恰当的语言将其表达出来是一件极复杂的工作。若该企业主导信条明确，日常信条又能准确地反映它。那么，无论通过与雇员交谈还是与顾客交谈，你都能比较容易地获得这家企业的文化真谛。

2. 企业文化整合及其注意要点

企业文化整合就是将来自不同组织、不同企业、不同民族的文化进行综合，保留精华，剔除糟粕，使之在融合后成为企业内一种新型的充满生机的健康文化的过程。

在这一过程中，要特别注意两点：一是企业文化形成的过程是由表及里的过程，即先有条文或实物、后强制推行和提高，待形成习惯或程式后，经长期修炼而成文化；二是企业文化具有潜移默化的作用，这是长寿企业发展的秘诀。

二、文化制胜是企业文化整合的目标

企业文化的载体是企业员工。整合企业文化就是要用能反映企业特色的先进文化教育人、引导人、凝聚人、塑造人，形成文化制胜的合力共振，形成共同的价值观，实现崇高的发展目标。

企业文化学派的出现，向传统的管理思想和管理模式提出了公开的挑战。它向人们提出了一个值得深思的问题，那就是，在激烈的市场竞争中，究竟怎样才能提高企业的竞争能力，生存能力和发展能力。它在提出这个问题的同时，也对这个问题进行了回答，即只有那些能够成功地塑造符合时代特点的企业文化的企业，才是最有发展前途的企业。正如劳伦斯·米勒所说：**"未来将是全球竞争的时代，这种时代能成功的公司，将是采用新企业文化的公司。"**

1. 文化制胜：赢得竞争优势的最佳途径

如果说"战略制胜"是传统的理性管理模式的核心，那么，"文化制胜"则是企业文化管理模式的实质。"战略制胜"诉诸战略规划，战略模型，财务分析与由理性建立起来的规章制度；"文化制胜"则凭借企业共同的价值观，经营理念，崇高目标和团队精神。"战略制胜"推崇"硬性要素"，"文化制胜"则重视"软性要素"。

"文化制胜"的关键在于对企业文化的高度重视与出色应用。与"战略制胜"的思想不同,"文化制胜"思想所表现出来的基本特征,分为以下四个方面。

(1) 重点强调企业价值观的导向作用

成功的企业与失败的企业之间的区别,在于在多大程度上发挥了人的积极性、主动性和创造性,发挥了企业的群体效应。要实现这个要求,关键在于企业能否为每一个职工提供一种共同的理想追求,并用这种共同的理想追求,作为统一人们的思想和意志,凝聚人们的观念与行为的黏合剂。从这种意义上说,企业共同的价值观,是企业成功的原动力,它的作用远远高于技术和物质资源,远远高于企业的组织结构、规章制度和经营战略。因此,塑造企业共同的价值观,就成为企业家不可推卸的责任。

(2) 努力培育团队精神

"团队精神"是把企业变成一个命运共同体的精神支柱,是使企业取得竞争优势的内在基础,《追求卓越的管理》一书的作者就这样认为,"要想取得卓越的成效,就必须发展出高效率的团队。这种团队能想出高明的解决办法,能在成员之间进行协调,并且担负起整个部门的管理责任"。"团队精神"就是通过设立共同的价值观和崇高目标,在企业内部形成一种合力和共振,充分发挥企业整体效应和功能,以及充分发挥企业每一个个体的智慧和才干的现代企业精神。

"团队精神"也是一种"合作文化"。它在企业内部倡导一种有限竞争,强调和谐一致和良好的人际关系,认为这是保证发挥企业整体效应的关键;它改变了传统的理性管理模式激励个体的做法,而把激励群体作为维护企业内部团结,提高企业对外竞争能力的最有效的手段。

(3) 十分注重顾客、产品与员工的三角连锁关系

"文化制胜"把顾客、产品和员工的三角连锁关系,视为影响企业经营活动的最为重要的因素,并以"面向顾客"、"不断创新"和"以人为本"的企业价值观,作为处理企业与顾客、企业与产品、企业与员工关系的基本准则。

"以人为本"是"文化制胜"的核心,是现代企业经营管理的目的和手段。它所包含的内容是:首先,把人力资源视为企业经营的最重要的资源,把人的积极性、主动性和创造性的充分发挥,视为提高企业经济效益,增强企业活动,赢得竞争优势的唯一永不枯竭的源泉;其次,把建立共识,形成亲密感,提倡参与原则,作为激发员工积极性、主动性和创造性的主要因素;最后,领导者要关心人,爱护人,尊重人,把自己视为"球队的教练","啦啦队的队长",而不是"军队的司令官",领导者要经常同员工进行直接接触,深入基层,同员工进行思想沟通和情感交流,了解员工的需要、意见和建议,并把它们转化为企业经营决策的信息资源。

(4) 要求明确企业的社会责任,塑造良好企业形象

"文化制胜"抛弃了传统的"最大利润"的企业观,强调企业必须明确自己的社会责任,并在企业的经营活动中忠实地履行自己的社会责任,把企业的利润视为履行企业社会责任而得到的"报酬"和"奖赏"。

"文化制胜"的上述四个基本特征,也正是企业文化管理模式赖以存在,并日益引起人们重视的重要原因。这种文化管理模式改变了人们对企业成功标志的传统见解。它认为,企业成功的条件并不仅仅在于是否有严格的规章制度、精确的财务体系与利润目标,而且在于是否能够创造出一种强劲有力的企业文化,能否帮助企业内部的成员树立共同的价值观、信念与崇高目标,从而为企业在激烈的市场竞争中赢得文化的优势。总而言之,**未来唯有那些拥有优秀企业文化的企业才有无限的前途**。拥有优秀文化的企业不但能适应环境的需求,并且能适应各种变化莫测的情势。当处境艰难时,这些企业能坚持自己的价值观念与信念,平安渡过难关。

2. 文化制胜与战略制胜相辅相成

尽管"文化制胜"是相对于"战略制胜"而言的,但二者绝非是截然对立、水火不相容的。实际上,"文化制胜"包含着"战略制胜"的因素,并且在更高的层次上发展了"战略制胜"的思想,把"战略制胜"置于一个更加现实的基础之上。这表现在以下七个方面。

一是"文化制胜"并不否认企业经营战略的重要性,并不否认制定正

确的经营战略决策对于企业经营活动的巨大作用。它只是在强调企业必须制定正确的经营战略决策的同时，指出了战略并非是天才的大脑和企业家的灵感的产物；战略必须同企业的基本价值观相吻合，同不断变动的企业经营环境相适应，才能具有实现的可能性。

二是"文化制胜"并不否认理性、定量化和精确性的意义，认为它在一定的范围内对企业经营管理活动是必需的；但却反对过分夸大理性、定量化和精确性的做法，认为如果把企业经营管理活动完全理性化，就会忽视人的能动性的作用；倘若毫无保留地使管理活动定量化和精确化，就会把企业经营管理的丰富内容抽象化。

三是"文化制胜"并不否认建立健全的财务制度的积极意义，但它却认为，如果一个企业家终日埋头于各种报表数字，成为一个"财务分析迷"，而不深入基层进行实际的调查研究，不去通过与职工的直接接触了解企业的经营状况，他就不可能真实地把握企业经营的全貌，并寻找有效的办法解决企业经营过程中出现的问题。

四是"文化制胜"并不完全否认企业的各项规章制度的必要性，认为严格地执行规章制度，是保证企业生产经营过程正常进行的可靠基础。但是，**过分依赖由理性规则建立起来的各项规章制度，往往会限制企业职工的主动性和创造性。**建立共同的价值观，用这种共同的价值观去规范职工的工作行为，用含蓄代替严厉，用微妙性代替精确性，不仅可以增强企业职工执行各项规章制度的自觉性，而且可以充分发挥企业职工的主动性和创造性。

五是"文化制胜"并不否认物质激励手段的现实作用，但同时它也认为，物质激励手段并不是使职工产生持续不断的生产积极性的首要因素，更重要的是在企业的经营管理过程中，要信任员工、尊重员工、关心员工，用对共同价值观的追求，建立良好的人际关系，形成团队精神，鼓励员工参与企业经营与管理的方法，去激励员工的生产主动性、创造性和积极性，才是真正增强企业活力、提高企业效益的永不枯竭的源泉。

六是"文化制胜"并不否认规模经济、降低成本对提高企业产品的市场占有率、增强企业竞争能力的作用，但是认为，如果把规模经济和产品成本视为唯一的因素，就会使企业忽视产品和服务的质量，使企业丧失自己创新能力和欲望，这不仅无助于增强企业的竞争能力，反而会使其丧失竞争能力。

七是"文化制胜"并不否认利润之于企业生存的重要意义，但是它同时认为，倘若过分重视对利润的追求，就会使企业忘却了自己的社会责任。只有认真地履行自己的社会责任，开展积极地公共关系活动，努力塑造良好的企业形象，为消费者提供优质的产品与出色的服务，同社会各界公众建立良好融洽的关系，才是实现企业利润目标的唯一途径。

总之，在战略与文化，理性与情感，财务分析与实际调查，纪律与自由，物质与精神，成本与质量，利润与企业社会责任等诸多问题上，"文化制胜"寻求到了与传统的理性管理模式及其"战略制胜"思想截然不同的新的平衡机制和方法。

三、企业文化的有机整合

企业文化的有机整合就是要解剖出文化中的"基因"，对优秀的进行交合，而对平庸的则进行摒除，催生出一个既具有时代特征，又具有个性特色的充满感召力、凝聚力、推动力的企业文化。

1. 选择独特的文化模式

企业之间各不相同，因此对于个别企业的文化模式只能参考而不能套用。这在刚完成购并的企业或跨国公司中尤为突出。

对于企业的跨国经营来说，整合价值观是解决文化冲突的有效方式。这里，价值观的整合主要是指不同文化间的沟通、融合，达到减少或消除文化冲突的目的。因此，要研究如何整合价值观首先必须理解文化的融合性。

任何一种文化的存在都不是散漫的、无结合的，而是按照一定的法则、秩序结合起来的。文化在一定的生态环境中创造、积累、内聚、发展，各种物质逐渐稳定，结构也慢慢定型。文化的这种内在结构及其特征的稳定形态，通常称之为文化模式。

一个社区、民族和国家经过长久的历史发展，都会形成其独特的文化模式。这种文化模式不是一成不变的，它会在对其他文化进行吸收、扬弃的基础上重新建构。特定的文化模式对其他文化进行选择和交流的规律是：①高位势文化向低位势文化流动，低位势文化向高位势文化趋同；②较易选择与本文化模式深层结构相契合的文化内容。

文化具有融合性，是因为文化模式能够吸引别的文化中的某些特质因素，形成文化模式之间的一种交叉。在这里，融合是指不同事物、不同因素之间的相互结合和相互吸收。根据这个概念，我们把文化融合定义为：不同形态的文化或者文化特质之间的相互结合、相互吸收的过程。它以文化的同化或相互感应为标志，在融合的过程当中，各种文化彼此改塑对方，各种文化特质之间相互渗透、相互结合、互为表里，最终融为一体。

文化之间的融合性为跨国企业中价值观的整合奠定了基础。

2. 企业价值观的整合

跨国企业中价值观的整合实质上是整合企业中来自不同文化模式的员工的观念，即一种对文化的整合，它包括两种主要方式：第一种是文化与文化之间的沟通，第二种是文化与文化之间的协同。

（1）跨文化沟通

沟通实质上是一种交流活动，它是交往双方相互理解对方意图的行为。沟通包括感知、解释和评价他人的任何行为，是对沟通双方意图的理解。沟通包括传递语言信息和非语言信息（语调、面部表情、体语、时间、空间、行为等），包括有意识和无意识两种传递方式。无论一个人说什么或做什么，都是一种沟通与交流活动，沟通与交流是一个复杂、多层次、动态的过程，通过这种方式人们可以实现相互间的了解和理解。

跨文化沟通与一般沟通的区别在于，沟通的几个要素都受到文化的深刻影响，打上了文化的烙印。信息的发出者是某种文化的成员，按照该种文化的特性将意愿编码，并选择该种文化下最恰当的途径传送；而信息的接受者是另一种文化的成员，他接受了某一渠道传来的信息，这一传送渠道在他的文化背景中也许已经包含了一定的意义。他在自己的文化环境中将接收到的信息进行解释，从而获得在该种文化下信息所代表的意思。

文化是沟通的基础。我们每个人的沟通行为，很大程度上取决于我们所处的文化环境。 当我们进行跨文化之间的沟通时，由于文化差异的存在，将给我们的沟通造成很大的困难。

(2) 文化协同

文化协同，是指管理层根据职员或顾客个人的文化倾向（模式），而不是限定其文化差异，从而形成企业的战略、策略、结构和管理的过程。

文化协同为解决跨国经营中的文化冲突提供了一种新的思维方式。它以文化差异的存在为前提，融合差异导致的行为和制度差别，把企业面临的多元文化变成企业经营的资源和优势加以利用，为企业的经营带来效益。

文化协同对企业管理人员的要求很高。企业管理人员必须充分认识到不同文化在特定场景下的差异体现，才能够有效利用差异优势，把它作为企业经营的有利资源。

3. 培训在整合价值观中的作用

培训被认为是解决文化差异、整合价值观的一项基本手段。

许多跨国公司认为中国经理有较强的分析能力，能迅速接受和掌握新的技术，但却对不同文化背景的跨国公司的运作方式和经营理念知之甚少。同时，跨国公司也意识到驻外经理人员迫切需要加强对所在国及其他国家文化的了解。因此，很多跨国公司纷纷成立人才培训中心，培养能应对各种文化冲突的人才。

跨文化培训的主要内容有对文化的认识、文化的敏感性训练、语言学习、跨文化沟通及文化冲突处理、地区环境模拟等。这些培训可以减少跨国企业中可能遇到的文化冲突，促进企业内管理效率的提高，加强团队精神与公司凝聚力，同时还能帮助企业高层领导认清市场，根据特定市场文化的特点调整企业的经营策略，减少企业的损失。

跨国公司在进行跨文化培训时有两种基本做法：一是通过公司内部的培训部门及培训人员进行培训；二是利用外部培训机构，如大学、科研机构、咨询公司等。

跨国公司对于培训的选择有两点值得注意。一是被培训者在培训过程中是否有机会充分接触到其他的文化并与之进行沟通和互动。二是培训人员的素质非常关键。培训人员除了有教育学、心理学方面的专业知识和技能外，还必须要了解被培训者及作为培训内容的文化特点，才能有效地向被培训人员传授别国的文化价值观。

4. 企业重组及购并中的文化整合

日本战略学家伊丹敬之认为："企业的情报资源称为看不见的资产。"这里的"情报资源"包括顾客的信用、商标知名度、流通渠道的支配办法、工人们的工作热情、经营方式等，这种最重要的资源其实就是企业文化，它是一种需要一定时间才能创造出来的经营资源。

在购并中要注重购并方与被购并方本身企业文化的融合。由于企业文化的宝贵，要将两家公司文化中的优点进行互补、缺点相互消除，这样才能使两家公司都焕发出新的价值。

怎样使购并不引起组织上的抵制和排斥，而取得文化上的协同和整合呢？美国苹果公司前总裁斯考利曾有一个贴切的比喻："我们当从'遗传变化'这一观念着手：人体中的细胞不断地在成长和分裂，细胞中的基因密码却一直存在，而且密码在不同的器官中会传递不同的讯息。基因密码的功能在'遗传'，正如文化的作用在于给予'传统'以认同和价值。这就是'遗传变化'的本意，基因密码是恒久存在的，但细胞却是生生不息，天天都在变化，这样就成了一种'向前发展'的模式。"

从中我们可以得到启发的是：要融合两个可能有排斥的组织文化，可以解剖出文化中的"基因"，对优秀的基因进行交合，而对平庸和低下的基因则进行摒除，这样便催生出一个整合的朝气勃勃的企业新文化。

购并一家企业后，不管派驻多少人员，或授权程度如何，把公司的经营文化融入目标企业是非常必要的。但是这要慢慢进行，通过双方高级主管的会议、人事福利制度的融入、双方中级干部共同参与培训，或者双方人事互调等方式，均可以达到企业文化融入的目标。不管采取何种方式，必须明确企业文化的整合是针对员工的，必须与目标企业人员进行互动的沟通。

首先应该让员工知道企业股权的变化，目前谁负责经营职责，未来经济方向如何发展。最后也要澄清一般员工的一些疑虑，例如：

- 哪些员工将被解雇？
- 哪些营运单位的工作地点将迁移？
- 工资福利是否将变化？
- 原来的员工分红及其他过去对员工的承诺是否继续有效？

与员工沟通时必须注意，员工对于过于含糊的声明及过于吹嘘的未来美景不会感兴趣，其所关心的，应是购并行为将影响其部门及本身工作的程度。

事实上，要发挥相互整合效果，一定要对其内部人员的特性有相当的了解，并取得他们的认同。对于确定的可用之才，应赋予比以前更重的职责，并期予与母公司建立更密切的整合关系。

总之，**购并后，工作重点之一即在于加强沟通，稳住人力资源**，去除双方企业文化差异的障碍，尤其是跨地域及跨国购并里的文化障碍，以迅速有效地获得购并前所期待的综合效果。